Sammlung
Außerdeutscher Strafgesetzbücher
in deutscher Übersetzung.

Herausgegeben von den Schriftleitungen
der
Zeitschrift für die gesamte Strafrechtswissenschaft
und der
Mitteilungen der Internationalen Kriminalistischen Vereinigung.

XXVIII.

Vorentwurf zu einem Schweizerischen Strafgesetzbuch.
(April 1908.)

BERLIN 1909.
J. Guttentag, Verlagsbuchhandlung,
G. m. b. H.

Vorentwurf

zu einem

Schweizerischen Strafgesetzbuch

(April 1908.)

BERLIN 1909.

J. Guttentag, Verlagsbuchhandlung,

G. m. b. H.

Inhaltsübersicht.

Erstes Buch: Von den Verbrechen.

Allgemeiner Teil.

Besonderer Teil.

Erstes Buch:

Von den Verbrechen.

Allgemeiner Teil.

Erster Abschnitt. Der Bereich des Strafgesetzes.

Art. 1. *Keine Strafe ohne Gesetz.* Strafbar ist nur, wer eine Tat begeht, die gesetzlich mit Strafe bedroht ist.

2. *Die Zeit der Wirksamkeit des Gesetzes.* Nach diesem Gesetze wird beurteilt:

wer nach Inkrafttreten dieses Gesetzes ein Verbrechen begeht,

wer nach Inkrafttreten dieses Gesetzes wegen eines Verbrechens beurteilt wird, das er früher begangen hat, jedoch nur, wenn dieses Gesetz günstiger für ihn ist als das Gesetz, das zur Zeit der Tat in Kraft bestand.

3. *Militärpersonen.* Dieses Gesetz gilt auch für Militärpersonen. Die besonderen Bestimmungen der Militärstrafgesetze bleiben vorbehalten.

4. *Mitglieder von Räten.* Die Mitglieder der schweizerischen Bundesversammlung und die Mitglieder eines Kantons-Rates sind wegen ihrer Äußerungen in den Verhandlungen des Rates nicht strafbar.

5. *Exterritoriale.* Für exterritoriale Personen gelten die Staats verträge und die Grundsätze des Völkerrechts.

6. *Verbrechen im Inlande.* Nach schweizerischem Gesetze ist strafbar, wer in der Schweiz ein Verbrechen begeht. Die Strafe, die der Täter im Ausland wegen des Verbrechens erlitten hat, wird ihm angerechnet.

Ist ein Ausländer wegen eines Verbrechens, das er in der Schweiz begangen hat, auf Ersuchen des schweizerischen Bundesrates im Auslande verfolgt und verurteilt worden, und ist die Strafe vollzogen, so wird er wegen dieses Verbrechens in der Schweiz nicht mehr bestraft.

7. *Verbrechen im Auslande gegen die Eidgenossenschaft.* Nach schweizerischem Gesetze ist strafbar, wer im Auslande Hochverrat (Art. 193) oder diplomatischen Landesverrat (Art. 195) be-

geht, sowie der Schweizer und der in der Schweiz wohnhafte Ausländer, der im Auslande einen Angriff auf die Unabhängigkeit der Eidgenossenschaft (Art. 194) unternimmt oder militärischen Landesverrat (Art. 196) begeht.

Die Strafe, die der Täter im Auslande wegen des Verbrechens erlitten hat, wird ihm angerechnet.

8. 1. *Verbrechen von Schweizern im Auslande.* Der Schweizer, der im Auslande ein Verbrechen begeht, für das nach schweizerischem Rechte die Auslieferung bewilligt werden könnte, ist nach schweizerischem Gesetze strafbar, wenn er in der Schweiz betreten wird oder wenn er der Eidgenossenschaft ausgeliefert wird.

Ist die Tat im Auslande nicht strafbar, so wird der Täter nur auf Begehren des Bundesanwaltes in der Schweiz bestraft.

Außerdem kann ein Schweizer, der im Auslande wegen eines Verbrechens zu Zuchthaus oder zu einer eben so schweren Strafe verurteilt worden ist, auf Begehren des Bundesanwaltes für mindestens zwei und höchstens zehn Jahre in der bürgerlichen Ehrenfähigkeit eingestellt werden.

2. *Verbrechen von Ausländern im Auslande an Schweizern.* Der Ausländer, der im Auslande gegen einen Schweizer ein Verbrechen begeht, für das nach schweizerischem Rechte die Auslieferung bewilligt werden könnte, ist nach schweizerischem Gesetze strafbar, wenn er in der Schweiz betreten und nicht an das Ausland ausgeliefert wird, oder wenn er der Eidgenossenschaft wegen dieses Verbrechens ausgeliefert wird.

Ist die Tat im Auslande nicht strafbar, so wird der Täter nur auf Begehren des Bundesanwaltes in der Schweiz bestraft.

3. *Bestimmte Verbrechen von Ausländern im Auslande.* Der Ausländer, der sich im Auslande des Mädchenhandels (Art. 134), der Gefährdung durch verbrecherischen Gebrauch von Sprengstoffen und Sprengbomben (Art. 146) oder der Fälschung von Geld, Banknoten, Emissionspapieren (Art. 166) schuldig macht, ist nach schweizerischem Gesetze strafbar, wenn er in der Schweiz betreten und nicht ausgeliefert wird.

4. Der Täter wird in der Schweiz nicht mehr bestraft:

wenn ihn ein Gericht des Auslandes wegen des Verbrechens endgültig freigesprochen hat,

wenn die Strafe, zu der ihn ein Gericht des Auslandes verurteilt hat, vollzogen, verjährt oder erlassen ist.

Ist die Strafe, zu der ihn ein Gericht des Auslandes verurteilt hat, teilweise vollzogen, so rechnet ihm der schweizerische Richter diesen Teil der Strafe an.

9. *Ort der Begehung.* Der Täter begeht das Verbrechen da, wo er es ausführt oder auszuführen versucht, und da, wo der Erfolg des Verbrechens eingetreten ist oder nach seiner Absicht eintreten sollte.

Zweiter Abschnitt. Das Verbrechen.

1. Kinder, Jugendliche und andere Unmündige.

10. *Kinder.* 1. Begeht ein Kind unter vierzehn Jahren eine als Verbrechen bedrohte Tat, so wird es nicht strafrechtlich verfolgt. Der Richter stellt den Sachverhalt fest und zieht über den körper lichen und geistigen Zustand des Kindes und über seine Erziehung genaue Berichte ein.

2. Ist das Kind verwahrlost oder sittlich verdorben oder gefährdet, so überweist es der Richter der Verwaltungsbehörde zur Versorgung.

3. Erfordert der Zustand des Kindes eine besondere Behandlung, ist das Kind insbesondere geisteskrank, schwachsinnig, taubstumm oder epileptisch, so überweist es der Richter der Verwaltungsbehörde. Die Verwaltungsbehörde ordnet die Behandlung an, die der Zustand des Kindes erfordert.

4. Ist das Kind weder verwahrlost noch sittlich verdorben oder gefährdet und bedarf es keiner besonderen Behandlung, so überweist es der Richter der Schulbehörde. Findet die Schulbehörde das Kind fehlbar, so erteilt sie ihm einen Verweis oder bestraft es mit Schularrest.

11. *Jugendliche.* Wer das vierzehnte, aber nicht das achtzehnte Lebensjahr zurückgelegt hat, ist ein Jugendlicher. Begeht ein Jugendlicher eine als Verbrechen bedrohte Tat, so wird er nach folgenden Grundsätzen behandelt:

1. Ist er verwahrlost oder sittlich verdorben, so verweist ihn der Richter in eine Zwangserziehungsanstalt, die ausschließlich diesem Zwecke dient. Er bleibt so lange in der Anstalt, als es seine Erziehung erfordert, jedoch mindestens ein Jahr. Hat er das zwanzigste Jahr zurückgelegt, so wird er endgültig entlassen.

2. Ist ein Jugendlicher sittlich so verdorben, daß er nicht in eine Zwangserziehungsanstalt aufgenommen werden kann oder in der Zwangserziehungsanstalt nicht bleiben kann, so übergibt ihn der Richter einer Korrektionsanstalt für junge Leute, die ausschließlich diesem Zwecke dient. Er bleibt in der Anstalt, bis er gebessert ist, jedoch in der Regel mindestens drei Jahre und höchstens zwölf Jahre.

3. Die zuständige Behörde entscheidet über die vorläufige Entlassung des Zöglings aus der Zwangserziehungsanstalt oder der Korrektionsanstalt; sie hört die Beamten der Anstalt darüber an. Sie sorgt mit den Vertretern der Schutzaufsicht für seine Unterkunft und überwacht ihn. Mißbraucht der Entlassene die Freiheit vor Ablauf eines Jahres, so wird er in die Anstalt zurückversetzt; andernfalls ist er endgültig entlassen. Doch gewähren ihm die Vertreter der Schutzaufsicht auch nach dieser Zeit Schutz und Hülfe.

4. Erfordert der Zustand eines Jugendlichen eine besondere Behandlung, ist er insbesondere geisteskrank, schwachsinnig, taubstumm, epileptisch, oder ist er in seiner geistigen oder sittlichen Entwicklung ungewöhnlich zurückgeblieben, so ordnet der Richter die Behandlung an, die sein Zustand erfordert.

5. Ist der Jugendliche weder verwahrlost noch sittlich verdorben und erfordert sein Zustand keine besondere Behandlung, so erteilt ihm der Richter, wenn er ihn schuldig findet, einen Verweis oder bestraft ihn mit abgesonderter Einschließung von mindestens drei Tagen und höchstens zwei Monaten. Die Einschließung wird in einem Gebäude vollzogen, das nicht als Strafanstalt oder Arbeitsanstalt für Erwachsene dient. Der Jugendliche wird angemessen beschäftigt.

Der Richter kann die Einschließung aufschieben und dem Verurteilten eine Probezeit von mindestens sechs Monaten und höchstens einem Jahre auferlegen, wenn nach seinem Charakter und nach seiner Aufführung zu erwarten ist, daß er dadurch von weiteren Verbrechen abgehalten werde und sich bessere. Rechtfertigt er diese Erwartung bis zum Ablaufe der Probezeit, so fällt die Einschließung weg; andernfalls wird sie vollzogen.

6. Die Verjährungsfristen sind auf die Hälfte herabgesetzt.

12. *Ausnahme für Jugendliche.* Hat ein Jugendlicher am Tage der richterlichen Beurteilung das achtzehnte Jahr zurückgelegt, und kann er weder in eine Zwangserziehungsanstalt noch in eine Korrektionsanstalt für junge Leute aufgenommen werden, so beurteilt ihn der Richter wie einen Unmündigen (Art. 13).

13. *Andere Unmündige.* Wer zur Zeit der Tat das achtzehnte, aber nicht das zwanzigste Jahr zurückgelegt hat, wird nach folgenden besonderen Bestimmungen beurteilt:

1. An die Stelle der lebenslänglichen Zuchthausstrafe tritt Zuchthaus nicht unter fünf Jahren.
2. Ist das Verbrechen mit einer Freiheitsstrafe von bestimmter Dauer bedroht, so ist der Richter nicht an diesen Strafsatz gebunden.
3. Bei mildernden Umständen kann der Richter statt auf Zuchthaus auf Gefängnis von mindestens sechs Monaten und höchstens fünf Jahren und statt auf Gefängnis auf Haft erkennen.
4. Der Verurteilte wird nicht in der bürgerlichen Ehrenfähigkeit eingestellt.
5. Die Verjährungsfristen sind auf die Hälfte herabgesetzt.
6. Diese Verurteilten werden jedenfalls solange sie unmündig sind, von den andern Sträflingen vollständig getrennt.

2. Zurechnungsfähigkeit.

14. *Unzurechnungsfähige und vermindert Zurechnungsfähige.* Wer zur Zeit der Tat geisteskrank oder blödsinnig oder in seinem Bewußtsein schwer gestört war, ist nicht strafbar.

War die geistige Gesundheit oder das Bewußtsein des Täters nur beeinträchtigt oder war er geistig mangelhaft entwickelt, so mildert der Richter die Strafe nach freiem Ermessen (Art. 53).

15. *Zweifelhafter Geisteszustand eines Beschuldigten.* Gibt der Geisteszustand des Beschuldigten zu Zweifeln Anlaß, ist er taubstumm oder epileptisch, so läßt ihn der Beamte, der es wahrnimmt, durch Sachverständige, in der Regel durch Irrenärzte, untersuchen.

Die Sachverständigen begutachten den Zustand des Beschuldigten. Sie äußern sich auch darüber, ob er in eine Heil- oder Pflegeanstalt gehöre und ob sein Zustand die öffentliche Sicherheit oder das gemeine Wohl gefährde.

16. *Verwahrung eines gefährlichen Unzurechnungsfähigen oder vermindert Zurechnungsfähigen.* Gefährdet ein Unzurechnungsfähiger oder vermindert Zurechnungsfähiger die öffentliche Sicherheit oder das gemeine Wohl und ist es notwendig, ihn in einer Heil- oder Pflegeanstalt zu verwahren, so ordnet das Gericht die Verwahrung an und stellt den Strafvollzug gegen den Verurteilten ein.

Die kantonale Verwaltungsbehörde vollzieht den Beschluß des Gerichtes.

Das Gericht hebt die Verwahrung auf, sobald der Grund der Verwahrung weggefallen ist.

Das Gericht zieht Sachverständige bei.

17. *Fürsorge für Unzurechnungsfähige und vermindert Zurechnungsfähige.* Ist die Behandlung oder Versorgung eines Unzurechnungsfähigen oder vermindert Zurechnungsfähigen in einer Heil- oder Pflegeanstalt geboten, so stellt das Gericht den Strafvollzug gegen den Verurteilten ein und überweist ihn der kantonalen Verwaltungsbehörde. Das Gericht zieht Sachverständige bei.

18. *Vollzug der Strafe gegen einen vermindert Zurechnungsfähigen.* Ist der Grund, der die Einstellung des Strafvollzuges gegen einen vermindert Zurechnungsfähigen veranlaßt hat, weggefallen, so entscheidet das Gericht, ob und inwieweit die Strafe noch zu vollziehen sei (Art. 57 Abs. 2). Das Gericht zieht Sachverständige bei.

3. Verschulden.

19. *Vorsatz und Fahrlässigkeit.* Bestimmt es das Gesetz nicht ausdrücklich anders, so ist nur strafbar, wer vorsätzlich handelt.

Vorsätzlich begeht ein Verbrechen, wer die Tat mit Wissen und Willen ausführt.

Ist die Tat darauf zurückzuführen, daß der Täter die Folge seines Verhaltens aus pflichtwidriger Unvorsichtigkeit nicht bedacht oder nicht berücksichtigt hat, so begeht er das Verbrechen fahrlässig. Pflichtwidrig ist die Unvorsichtigkeit, wenn der Täter die Vorsicht nicht beobachtet, zu der er nach den Umständen und nach seinen persönlichen Verhältnissen verpflichtet ist.

20. *Irrige Vorstellung über den Sachverhalt.* Handelt der Täter in einer irrigen Vorstellung über den Sachverhalt, so beurteilt der

Richter die Tat zugunsten des Täters nach dem Sachverhalt, den sich der Täter vorgestellt hat.

Ist der Irrtum auf die Fahrlässigkeit des Täters zurückzuführen, so bleibt der Täter für seine Fahrlässigkeit verantwortlich.

21. *Irrtum über die Rechtswidrigkeit.* Wer ein Verbrechen in dem Glauben begeht, er sei zu der Tat berechtigt, kann milder bestraft werden.

4. Versuch und Teilnahme.

22. *Versuch.* Wer ein Verbrechen auszuführen versucht und mit der Ausführung begonnen hat, wird milder bestraft; führt er die verbrecherische Tätigkeit erfolglos zu Ende, so kann er milder bestraft werden.

Ist das Mittel, mit dem jemand ein Verbrechen auszuführen versucht, oder der Gegenstand, an dem er es auszuführen versucht, der Art, daß das Verbrechen mit einem solchen Mittel oder an einem solchen Gegenstande unter keinen Umständen ausgeführt werden könnte, so kann der Richter die Strafe nach freiem Ermessen mildern (Art. 53).

Wer freiwillig von dem Versuche absteht oder den Erfolg des Verbrechens verhindert, wird straflos, wenn sein Versuch nicht ein besonderes Verbrechen begründet.

23. *Anstiftung und Gehilfenschaft.* 1. Wer jemand vorsätzlich zu einem Verbrechen bestimmt, wird als Täter bestraft; wer jemand zu einem Verbrechen, das mit Zuchthaus bedroht ist, zu bestimmen versucht, wird wegen Versuches milder bestraft.

2. Wer jemand zu einem Verbrechen vorsätzlich Hilfe leistet, kann milder bestraft werden.

3. Besondere persönliche Verhältnisse, Eigenschaften und Umstände, die die Strafbarkeit erhöhen, vermindern oder ausschließen, werden bei dem Täter, dem Anstifter und dem Gehilfen berücksichtigt, bei dem sie vorliegen.

5. Strafantrag.

24. *Strafantrag.* 1. Ist eine Tat nur auf Antrag strafbar, so kann jeder, der durch sie verletzt worden ist, innerhalb drei Monaten die Bestrafung des Täters beantragen. Die Frist beginnt, sobald der Verletzte die Tat und den Namen des Täters kennt.

Ist der Verletzte handlungsunfähig, so ist sein gesetzlicher Vertreter zum Antrage berechtigt. Ist der Verletzte sechzehn Jahre alt und leidet er nicht an geistigen Gebrechen, so kann er auch selbstständig einen Antrag stellen.

Stirbt ein Verletzter, so treten die Angehörigen an seine Stelle.

Ist wegen einer Tat ein Strafantrag gestellt, so sind alle Teilnehmer zu verfolgen.

2. Der Strafantrag kann zurückgezogen werden, solange das Urteil der ersten Instanz noch nicht verkündet worden ist.

Durch den Rückzug des Strafantrages gegen einen Beschuldigten ist er gegen alle Beschuldigten zurückgezogen.

6. Ausnahmen von der Strafandrohung.

25. *Ausnahmen von der Strafandrohung.* Die Tat, die das Gesetz oder eine Amts- oder Berufspflicht unter bestimmten Voraussetzungen gebietet oder erlaubt oder die das Gesetz für straflos erklärt, ist in diesen Fällen kein Verbrechen.

26. *Notwehr.* Wird jemand ohne Recht angegriffen oder unmittelbar mit einem Angriff bedroht, so ist der Angegriffene und jeder andere berechtigt, den Angriff in einer den Umständen angemessenen Weise abzuwehren.

Überschreitet der Abwehrende die Grenzen der Notwehr, so mildert der Richter die Strafe nach freiem Ermessen (Art. 53); überschreitet er die Grenzen der Notwehr in entschuldbarer Aufregung oder Bestürzung über den Angriff, so bleibt er straflos.

27. *Notstand.* Die Tat, die jemand begeht, um sein oder eines andern Gut, namentlich Leben, Leib, Freiheit, Ehre, Vermögen, aus einer unmittelbaren, nicht anders abwendbaren Gefahr zu erretten, ist kein Verbrechen, wenn dem Täter den Umständen nach nicht zugemutet werden konnte, das gefährdete Gut preiszugeben; andernfalls mildert der Richter die Strafe nach freiem Ermessen (Art. 53).

Dritter Abschnitt. Die Strafe und die sichernde Maßnahme.

1. Die einzelnen Strafen und sichernden Maßnahmen.

1. Freiheitsstrafen.

28. *Zuchthausstrafe.* Die kürzeste Dauer der Zuchthausstrafe ist ein Jahr, die längste Dauer fünfzehn Jahre; in den Fällen, die das Gesetz bestimmt, ist sie lebenslänglich.

Die Zuchthausstrafe wird in einem Gebäude vollzogen, das ausschließlich diesem Zwecke dient.

29. *Gefängnisstrafe.* Die kürzeste Dauer der Gefängnisstrafe ist acht Tage, die längste Dauer zwei Jahre, in den Fällen, die das Gesetz bestimmt, fünf Jahre.

30. *Vollzug der Zuchthausstrafe und der Gefängnisstrafe.* Für den Vollzug der Zuchthausstrafe und der Gefängnisstrafe gelten folgende Grundsätze:

1. Der Vollzug der Strafe darf nur aus wichtigen Gründen unterbrochen werden.
2. Der Verurteilte wird zur Arbeit angehalten. Er soll womöglich mit Arbeiten beschäftigt werden, die seinen Fähigkeiten entsprechen und die ihn in den Stand setzen, in der Freiheit seinen Unterhalt zu erwerben.
3. Er wird die ersten drei Monate in Einzelhaft gehalten. Das Gericht und die Aufsichtsbehörde können die Einzelhaft verlängern.
4. Nach dieser Zeit arbeitet der Verurteilte in Gemeinschaft mit andern; die Nachtruhe und die übrige Ruhezeit bringt er in Einzelhaft zu.

5. Hat der Verurteilte zwei Dritteile der Strafe und mindestens ein Jahr erstanden, so kann ihn die zuständige Behörde vorläufig entlassen, wenn sie annimmt, daß er sich wohl verhalten werde, und wenn er den gerichtlich festgestellten Schaden, der aus seinem Verbrechen entstanden ist, soweit es ihm möglich war, ersetzt hat.

Hat ein lebenslänglich Verurteilter zwanzig Jahre erstanden, so kann ihn die zuständige Behörde für fünf Jahre vorläufig entlassen, wenn sie annimmt, daß er sich wohl verhalten werde.

Die zuständige Behörde hört die Beamten der Anstalt über die vorläufige Entlassung eines Sträflings an.

Mißbraucht der vorläufig Entlassene die Freiheit, so versetzt ihn die zuständige Behörde in das Zuchthaus oder in das Gefängnis zurück. Die Zeit der vorläufigen Entlassung wird ihm nicht angerechnet.

Bewährt sich der vorläufig Entlassene bis zum Ablaufe der Zeit, für die er vorläufig entlassen ist, so ist er endgültig entlassen.

2. Sichernde Maßnahmen.

31. *Verwahrung von Gewohnheitsverbrechern.* Bekundet jemand, der wegen eines Verbrechens zu Freiheitsstrafe verurteilt wird und der schon viele Freiheitsstrafen erstanden hat, einen Hang zu Verbrechen oder zu Liederlichkeit oder Arbeitsscheu, so kann ihn das Gericht an Statt der Freiheitsstrafe in eine Verwahrungsanstalt, die ausschließlich diesem Zwecke dient, einweisen. Der Verwahrte wird zur Arbeit angehalten. Er soll wo möglich mit Arbeiten beschäftigt werden, die seinen Fähigkeiten entsprechen und die ihn in den Stand setzen, in der Freiheit seinen Unterhalt zu erwerben.

Der Verwahrte bleibt in jedem Falle bis zum Ablaufe der Strafzeit und mindestens fünf Jahre in der Anstalt; ist er schon einmal verwahrt worden, so bleibt er mindestens zehn Jahre darin. Nach dieser Zeit kann ihn die zuständige Behörde für drei Jahre vorläufig entlassen, wenn sie annimmt, er werde nicht mehr rückfällig werden; sie hört die Beamten der Anstalt darüber an. Nach zwanzig Jahren wird er in jedem Falle endgültig entlassen.

Wird ein vorläufig Entlassener vor drei Jahren wieder rückfällig, so kann ihn das Gericht von neuem in die Verwahrungsanstalt einweisen.

Wird der vorläufig Entlassene in drei Jahren nicht rückfällig, so ist er endgültig entlassen.

Wird das Urteil fünfundzwanzig Jahre lang nicht vollzogen, so ist es unwirksam.

32. *Erziehung Liederlicher und Arbeitsscheuer zur Arbeit.* Ist der Täter, der wegen eines Verbrechens zu Gefängnis verurteilt wird, liederlich oder arbeitsscheu, und steht sein Verbrechen damit im Zusammenhang, so kann ihn das Gericht, wenn er arbeitsfähig ist und voraussichtlich zur Arbeit erzogen werden kann, in eine Arbeitserziehungsanstalt, die ausschließlich diesem Zwecke dient, einweisen und den Strafvollzug aufschieben. Zuvor läßt das Gericht den körperlichen und geistigen Zustand des Verurteilten und seine Arbeitsfähigkeit untersuchen, und zieht über seine Erziehung und über sein Leben genaue Berichte ein

Wer eine Zuchthausstrafe erlitten hat, kann nicht in eine Arbeitserziehungsanstalt eingewiesen werden.

Der Zögling wird zu einer Arbeit erzogen, die seinen Fähigkeiten entspricht und die ihn in den Stand setzt, in der Freiheit seinen Unterhalt zu erwerben. Die geistige und die körperliche Ausbildung, namentlich die gewerbliche Ausbildung des Zöglings, wird durch Unterricht gefördert.

Die Nachtruhe und die übrige Ruhezeit bringt der Zögling in Einzelhaft zu.

In der Arbeitserziehungsanstalt werden keine geistigen Getränke verabreicht.

Der Zögling bleibt mindestens ein Jahr in der Anstalt. Nach dieser Zeit kann ihn die zuständige Behörde für ein Jahr vorläufig entlassen, wenn anzunehmen ist, er sei zur Arbeit tüchtig und bereit; sie hört die Beamten der Anstalt darüber an Wird er während der Probezeit wieder liederlich oder arbeitsscheu, so kann ihn die zuständige Behörde in die Arbeitsanstalt zurückversetzen, wobei ihm die Zeit der vorläufigen Entlassung nicht angerechnet wird, oder sie kann dem Gericht den Vollzug der erkannten Strafe beantragen. Sie stellt diesen Antrag auch, wenn sich in den ersten drei Monaten zeigt, daß der Verurteilte nicht zur Arbeit erzogen werden kann.

Bewährt sich der vorläufig Entlassene bis zum Ablaufe der Probezeit, so ist er endgültig entlassen. Nach drei Jahren wird der Zögling in jedem Falle entlassen. Die Strafe fällt weg.

Wird das Urteil fünf Jahre lang nicht vollzogen, so ist es unwirksam.

33. *Behandlung von Gewohnheitstrinkern.* Ist jemand, der wegen eines Verbrechens zu Gefängnis verurteilt wird, ein Gewohnheitstrinker und steht sein Verbrechen damit im Zusammenhang, so kann ihn der Richter, wenn er voraussichtlich heilbar ist, in eine Heilanstalt für Trinker einweisen und den Strafvollzug aufschieben. Das Gericht entläßt den Verurteilten aus der Heilanstalt, sobald er geheilt ist. Nach zwei Jahren wird er in jedem Fall entlassen. Bevor der Verurteilte aus der Heilanstalt entlassen wird, entscheidet das Gericht, ob und inwieweit die Gefängnisstrafe noch zu vollziehen sei.

Ebenso kann das Gericht einen Gewohnheitstrinker, den es wegen Unzurechnungsfähigkeit freigesprochen hat, in eine Trinkerheilanstalt einweisen.

Das Gericht zieht Ärzte als Sachverständige bei.

Wird das Urteil fünf Jahre lang nicht vollzogen, so ist es unwirksam.

3. Gemeinsame Bestimmungen für Freiheitsentziehungen.

34. *Trennung der Geschlechter.* In allen Anstalten werden Männer und Frauen vollständig getrennt.

35. *Fürsorge für vorläufig Entlassene.* Die zuständige Behörde sorgt mit den Vertretern der Schutzaufsicht für das Fortkommen eines vorläufig Entlassenen und überwacht ihn so lange er vorläufig entlassen ist.

4. Vermögensstrafen.

36. *Buße.* 1. Der Richter verurteilt den Schuldigen zu einer Buße, die mit seinem Einkommen und Vermögen im Verhältnis steht und die nach seinen persönlichen Verhältnissen voraussichtlich eine wirksame Strafe für sein Verbrechen sein wird.

Niemand darf zu einer Buße verurteilt werden, die er ohne Beschränkung des notwendigen Lebensunterhaltes für sich und seine Familie nicht zu zahlen vermag. Gestalten sich die Verhältnisse des Verurteilten nach dem Urteile wesentlich ungünstiger, so kann der Richter die Buße angemessen ermäßigen.

Ist der Schuldige mittellos und arbeitsunfähig, so überweist ihn der Richter der Armenpolizeibehörde.

2. Der geringste Betrag der Buße ist drei Franken; bestimmt es das Gesetz nicht ausdrücklich anders, so ist der höchste Betrag der Buße fünf Tausend Franken.

3. Der Richter setzt dem Verurteilten eine Frist von mindestens vierzehn Tagen und höchstens drei Monaten zur Zahlung der Buße. Hat der Verurteilte in der Schweiz keinen festen Wohnsitz, so kann er angehalten werden, die Buße sofort zu bezahlen oder Sicherheit dafür zu leisten.

Der Richter kann dem Unbemittelten gestatten:

die Buße nach und nach zu bezahlen, wobei er den Betrag und die Zeit der Zahlungen nach den Verhältnissen des Verurteilten bestimmt; oder

die Buße durch freie Arbeit, namentlich für den Staat oder eine Gemeinde, abzuverdienen.

Der Richter ist in diesen Fällen nicht an die Frist von drei Monaten gebunden.

4. Bezahlt der Verurteilte die Buße in der bestimmten Zeit nicht und verdient er sie auch nicht ab, so ordnet der Richter die Betreibung gegen ihn an, wenn ein Ergebnis davon zu erwarten ist.

5. Stirbt der Verurteilte, so fällt die Buße weg.

37. *Bufse neben der Freiheitsstrafe.* Begeht jemand ein Verbrechen aus Gewinnsucht, so kann ihn der Richter neben der Freiheitsstrafe zu einer angemessenen Buße verurteilen.

38. *Einziehung von Gegenständen.* Der Richter kann dem Schuldigen neben der Strafe oder statt einer Buße das Eigentum an Gegenständen absprechen, die er zu dem Verbrechen benützt hat oder benützen wollte oder die durch das Verbrechen hervorgebracht worden sind. Stirbt der Verurteilte, so fällt diese Strafe weg.

39. *Verwendung der Bufsen und des Erlöses aus eingezogenen Gegenständen.* Ist jemand durch ein Verbrechen geschädigt worden und wird ihm der Schädiger den Schaden voraussichtlich nicht ersetzen, so kann ihm der Richter die Buße, die der Verurteilte zahlt, und den Erlös aus der Verwertung eingezogener Gegenstände ganz oder teilweise zuerkennen.

Verurteilt das Gericht den Täter zu längerer Freiheitsstrafe, so kann es dem Geschädigten einen Teil von dem Verdienstanteile des Verurteilten zuerkennen.

Diese Beträge werden dem Geschädigten im Strafurteile auf Rechnung des gerichtlich festgestellten Schadenersatzes zuerkannt.

5. Nebenstrafen.

40. *Einstellung in der bürgerlichen Ehrenfähigkeit.* 1. Wer in der bürgerlichen Ehrenfähigkeit eingestellt ist, ist unfähig, in öffentlichen Angelegenheiten zu stimmen und zu wählen, und er ist nicht wählbar. Er kann nicht Beamter, Vormund oder Wehrmann sein.

2. Wer zu Zuchthaus verurteilt wird, wird für mindestens zwei und höchstens zehn Jahre in der bürgerlichen Ehrenfähigkeit eingestellt.

Wer zu Gefängnis verurteilt wird, ist, wenn seine Tat eine gemeine Gesinnung bekundet, für mindestens ein Jahr und höchstens fünf Jahre in der bürgerlichen Ehrenfähigkeit einzustellen.

Der verwahrte Gewohnheitsverbrecher bleibt zehn Jahre lang in der bürgerlichen Ehrenfähigkeit eingestellt.

3. Die Zeit des Strafvollzuges und der sichernden Maßnahme wird nicht eingerechnet.

41. *Amtsentsetzung.* Hat sich jemand des Amtes, das er inne hat, durch ein Verbrechen unwürdig gemacht, so entsetzt ihn der Richter des Amtes und erklärt ihn für mindestens drei und höchstens fünfzehn Jahre zu einem Amte nicht für wählbar. Ist der Beamte wegen des Verbrechens zu einer Freiheitsstrafe verurteilt worden, so wird die Zeit des Strafvollzuges nicht eingerechnet.

42. *Entziehung der elterlichen und vormundschaftlichen Gewalt.* Hat sich jemand der elterlichen oder vormundschaftlichen Gewalt, die er innehat, durch ein Verbrechen unwürdig gemacht, so entzieht sie ihm der Richter und erklärt ihn zur Ausübung der elterlichen oder vormundschaftlichen Gewalt für unfähig.

43. *Verbot, einen Beruf, ein Gewerbe und ein Handelsgeschäft auszuüben.* Hat jemand die Pflichten seines Berufes, Gewerbes oder Handelsgeschäftes durch ein Verbrechen grob verletzt, und besteht die Gefahr weiteren Mißbrauchs, so untersagt ihm der Richter die Ausübung des Berufes, Gewerbes oder Handelsgeschäftes für mindestens ein Jahr und höchstens fünfzehn Jahre. Ist der Schuldige wegen des

Verbrechens zu einer Freiheitsstrafe verurteilt worden, so wird die Zeit des Strafvollzuges nicht eingerechnet.

44. *Landesverweisung.* Der Ausländer, der zu Zuchthaus oder zu Verwahrung verurteilt wird, kann für mindestens drei und höchstens fünfzehn Jahre des Landes verwiesen werden. Die Verweisung wird wirksam, sobald der Verurteilte aus der Anstalt endgültig entlassen wird.

Ist der Verurteilte vorläufig entlassen worden und hat er sich in der Probezeit bewährt, so kann das Gericht die Landesverweisung aufheben.

45. *Wirtshausverbot.* Ist ein Verbrechen auf übermäßigen Genuß geistiger Getränke zurückzuführen, so kann der Richter dem Schuldigen neben der Strafe den Besuch der Wirtshäuser für mindestens sechs Monate und längstens zwei Jahre verbieten.

6. Vorsorgliche Maßnahmen.

46. *Friedensbürgschaft.* Besteht die Gefahr, daß jemand ein Verbrechen, mit dem er gedroht hat, ausführen werde, oder verrät jemand, der wegen eines Verbrechens, insbesondere wegen eines Verbrechens gegen Leib und Leben oder gegen die Ehre, verurteilt wird, die Absicht, das Verbrechen zu wiederholen, so kann ihm der Richter das Versprechen abnehmen, das Verbrechen nicht zu begehen, und ihn anhalten, angemessene Sicherheit dafür zu leisten.

Verweigert er das Versprechen oder leistet er die Sicherheit innerhalb der bestimmten Frist böswillig nicht, so kann ihn der Richter durch Sicherungshaft dazu anhalten, jedoch nicht länger als sechs Monate.

Begeht er das Verbrechen innerhalb zwei Jahren, nachdem er die Sicherheit geleistet hat, so verfällt die Sicherheit dem Staate, andernfalls wird sie der Person, die sie geleistet hat, herausgegeben.

Ist jemand durch das Verbrechen geschädigt worden und wird ihm der Schädiger den Schaden voraussichtlich nicht ersetzen, so kann ihm der Richter den Betrag der geleisteten Sicherheit ganz oder teilweise auf Rechnung des gerichtlich festgestellten Schadenersatzes zuerkennen.

47. *Einziehung gefährlicher Gegenstände.* Gefährdet ein Gegenstand, der mit einem Verbrechen im Zusammenhang steht, das öffentliche Wohl oder die Rechtsordnung, so zieht ihn der Richter ohne Rücksicht auf die Strafbarkeit einer Person ein und läßt ihn, soweit es nötig ist, unbrauchbar machen oder vernichten.

48. *Öffentliche Bekanntmachung des Urteiles.* Ist die Veröffentlichung eines Strafurteils im öffentlichen Interesse oder im Interesse des Verletzten geboten, so ordnet sie der Richter auf Kosten des Verurteilten an.

Ist die Veröffentlichung eines freisprechenden Urteils im öffentlichen Interesse oder im Interesse des Freigesprochenen geboten, so ordnet sie der Richter auf Staatskosten oder auf Kosten des Anzeigers an.

Der Richter läßt das Urteil in einem amtlichen Blatte des Bundes oder des Kantons und in einer Zeitung oder in mehreren Zeitungen veröffentlichen.

2. Das Strafmaß.

49. *Strafzumessung.* Der Richter mißt dem Täter die Strafe nach seinem Verschulden zu; er berücksichtigt die Beweggründe, das Vorleben und die persönlichen Verhältnisse des Schuldigen.

50. *Mildernde Umstände.* 1. Der Richter kann die Strafe mildern:

wenn der Täter das Verbrechen
aus achtungswerten Beweggründen,
in schwerer Bedrängnis,
unter dem Eindrucke einer schweren Drohung,
auf Befehl eines Vorgesetzten, oder
auf Veranlassung einer Person, von der er abhängig ist, begeht;

wenn er durch eine schwere Reizung oder Kränkung, zu der er nicht Anlaß gegeben hat, zu dem Verbrechen augenblicklich hingerissen worden ist;

wenn er aufrichtige Reue über das Verbrechen betätigt hat, namentlich den Schaden, soweit es ihm möglich war, gut gemacht hat;

wenn das Verbrechen zur Zeit der Einleitung der Strafverfolgung nahezu verjährt ist.

2. Berücksichtigt das Gesetz einen solchen mildernden Umstand bei einem Verbrechen besonders, so wird die Strafe nicht weiter gemildert.

51. *Mildere Strafsätze.* Die gesetzlichen Strafandrohungen werden für den Fall der Strafmilderung herabgesetzt, und zwar:

Lebenslängliches Zuchthaus: auf Zuchthaus nicht unter zehn Jahren;

Zuchthaus nicht unter zehn Jahren: auf Zuchthaus nicht unter fünf Jahren;

Zuchthaus nicht unter fünf Jahren: auf Zuchthaus nicht unter zwei Jahren;

Zuchthaus nicht unter drei oder nicht unter zwei Jahren: auf Zuchthaus;

Zuchthaus: auf Gefängnis von mindestens sechs Monaten und höchstens zwei Jahren;

Gefängnis nicht unter einem Jahre: auf Gefängnis nicht unter drei Monaten;

Gefängnis von bestimmter Dauer unter sechs Monaten: auf Gefängnis;

Gefängnis nicht unter einem Monate: auf Gefängnis;

Gefängnis: auf Haft (Art. 238).

52. *Ausschluß der Zuchthausstrafe.* Hat der Richter die Wahl zwischen Zuchthaus und Gefängnis, so erkennt er bei mildernden Umständen auf Gefängnis; er kann die Gefängnisstrafe, die das Gesetz auf das Verbrechen androht, herabsetzen.

53. *Strafmilderung nach freiem Ermessen des Richters.* Ermächtigt das Gesetz den Richter ausdrücklich, die Strafe nach freiem Ermessen zu mildern, so ist der Richter an die Strafart und das Strafmaß, die für das Verbrechen angedroht sind, nicht gebunden.

54. *Gemeine Gesinnung des Täters.* Hat der Richter die Wahl zwischen Zuchthaus und Gefängnis, so erkennt er auf Zuchthaus, wenn das Verbrechen eine gemeine Gesinnung oder einen schlechten Charakter des Täters bekundet.

55. *Rückfall.* 1. Wird jemand wegen eines Verbrechens zu Freiheitsstrafe verurteilt, und sind zur Zeit der Tat noch nicht drei Jahre vergangen, seit er eine Freiheitsstrafe von mehr als sechs Monaten erstanden hat oder an deren Stelle in eine Arbeitserziehungsanstalt eingewiesen war, so erhöht der Richter die Strafe angemessen; er ist an das höchste Maß der angedrohten Strafe nicht gebunden, darf aber die höchste gesetzliche Dauer der Strafart (Art. 28, 29) nicht überschreiten.

2. Eine ausländische Bestrafung begründet Rückfall, wenn der Täter wegen eines Verbrechens im Auslande bestraft worden ist, für das nach schweizerischem Recht die Auslieferung bewilligt werden könnte.

56. *Zusammentreffen von Freiheitsstrafen.* Hat jemand durch eine oder mehrere Taten mehrere Freiheitsstrafen verwirkt, so verurteilt ihn der Richter zu der Strafe des schwersten Verbrechens und erhöht sie angemessen. Der Richter kann das höchste Maß der angedrohten Strafe erhöhen, jedoch höchstens um die Hälfte. Dabei ist er an die gesetzliche Dauer der Strafart gebunden.

Diese Bestimmungen sind auch auf denjenigen anzuwenden, der zu einer Freiheitsstrafe verurteilt worden ist und vor beendigtem Strafvollzug eines andern mit Freiheitsstrafe bedrohten Verbrechens schuldig erklärt wird, das er vor dem ersten Urteil begangen hat. Der Richter rechnet dem Verurteilten die Strafe an, die er wegen des einen Verbrechens schon erlitten hat.

57. *Strafanrechnung.* Die Untersuchungshaft kann dem Verurteilten ganz oder teilweise auf die Strafe angerechnet werden.

Dem Verurteilten, der in eine Heil- oder Pflegeanstalt eingewiesen wird, wird der Aufenthalt in der Anstalt auf die Strafe angerechnet.

3. Der Wegfall der Strafe.

58. *Tod, unheilbare Geisteskrankheit und Begnadigung.* Die Strafverfolgung und die Strafe fallen weg, wenn der Täter stirbt oder unheilbar geisteskrank wird, oder wenn er begnadigt wird.

59. *Verjährung der Verbrechen.* 1. Ein Verbrechen verjährt:

in fünfundzwanzig Jahren, wenn es mit lebenslänglichem Zuchthaus bedroht ist;

in zwanzig Jahren, wenn es mit Zuchthaus nicht unter zehn Jahren bedroht ist;

in fünfzehn Jahren, wenn es mit Zuchthaus nicht unter fünf Jahren bedroht ist;

in zwölf Jahren, wenn es mit Zuchthaus unter fünf Jahren bedroht ist;

in acht Jahren, wenn es mit Zuchthaus oder Gefängnis oder mit Gefängnis nicht unter einem Jahr bedroht ist;

in vier Jahren, wenn es mit einer andern Strafe bedroht ist.

2. Die Verjährung beginnt:

am Tage, an dem der Täter die verbrecherische Tätigkeit ausführt;

wenn er die verbrecherische Tätigkeit zu verschiedener Zeit ausführt, an dem Tage, an dem er die letzte Tätigkeit ausführt;

wenn er den Erfolg des Verbrechens verursacht, am Tage, an dem dieser Erfolg eintritt;

wenn das verbrecherische Verhalten dauert, am Tage, an dem dieses Verhalten aufhört.

3. Ersteht der Täter im Auslande eine Freiheitsstrafe, so ruht die Verjährung während des Strafvollzuges.

Jede Verfolgungshandlung unterbricht die Verjährung.

Das Verbrechen ist in jedem Falle verjährt, wenn die ordentliche Verjährungsfrist um die Hälfte überschritten ist.

60. *Verjährung der Strafen.* 1. Die Strafen verjähren:

Lebenslängliche Zuchthausstrafe in dreißig Jahren,

Zuchthausstrafe von zehn oder mehr Jahren in fünfundzwanzig Jahren,

Zuchthausstrafe von fünf bis zu zehn Jahren in zwanzig Jahren,

Zuchthausstrafe von weniger als fünf Jahren in fünfzehn Jahren,

Gefängnis von mehr als einem Jahre in zehn Jahren,

jede andere Strafe in fünf Jahren.

2. Die Verjährung beginnt am Tage der Verurteilung, bei bedingtem Straferlaß nach der Probezeit.

3. Jede Vollzugshandlung unterbricht die Verjährung.

Die Strafe ist in jedem Falle verjährt, wenn die ordentliche Verjährungsfrist um die Hälfte überschritten ist.

61. *Bedingter Straferlaſs.* 1. Wird jemand, der bisher weder in der Schweiz noch im Auslande eine Freiheitsstrafe wegen eines Verbrechens erlitten hat, zu Freiheitsstrafe von weniger als einem Jahre verurteilt, so kann das Gericht den Strafvollzug aufschieben und dem Verurteilten unter folgenden Voraussetzungen eine Probezeit von zwei bis fünf Jahren auferlegen:

wenn das Vorleben und der Charakter des Verurteilten erwarten lassen, er werde dadurch von weiteren Verbrechen abgehalten, und weder die Beweggründe des Täters noch die Umstände des Verbrechens dieser Annahme entgegenstehen, wenn der Verurteilte überdies den gerichtlich festgestellten Schaden, soweit es ihm möglich war, ersetzt hat.

2. Das Gericht stellt den Verurteilten unter Schutzaufsicht, wenn nicht besondere Umstände eine Ausnahme begründen. Es kann ihm für sein Verhalten in der Probezeit bestimmte Weisungen erteilen, z. B. einen Beruf zu erlernen, an einem bestimmten Orte sich aufzuhalten, sich von geistigen Getränken zu enthalten, den Schaden innerhalb bestimmter Frist zu ersetzen.

Die Umstände, die einen Aufschub des Strafvollzugs rechtfertigen, die Gründe, die das Gericht bestimmen, den Verurteilten ausnahmsweise nicht unter Schutzaufsicht zu stellen, und die Weisungen des Gerichts sind im Urteile festzustellen.

3. Begeht der Verurteilte während der Probezeit ein vorsätzliches Verbrechen oder handelt er einer Weisung des Gerichts, ungeachtet förmlicher Mahnung der Schutzaufsichtsbehörde, fortgesetzt zuwider, so läßt das Gericht die erkannte Strafe vollziehen.

4. Hat der Verurteilte die Probezeit bestanden, so fällt die Strafe weg.

4. Die Rehabilitation.

62. 1. *Wiedereinsetzung in die bürgerliche Ehrenfähigkeit.* Ist der Schuldige für mehr als drei Jahre in der bürgerlichen Ehrenfähigkeit eingestellt worden (Art. 40), und hat er die Freiheitsstrafe, zu der er verurteilt worden war, seit mindestens drei Jahren erstanden, so kann ihn der Richter auf sein Gesuch in die bürgerliche Ehrenfähigkeit wieder einsetzen, wenn sein Verhalten dies rechtfertigt und wenn er den gerichtlich festgestellten Schaden, soweit es ihm möglich war, ersetzt hat.

2. *Wiedereinsetzung in die Wählbarkeit zu einem Amte.* Ist jemand des Amtes entsetzt und für mehr als drei Jahre zu einem Amte für nicht wählbar erklärt worden (Art. 41), und hat er die Freiheitsstrafe, zu der er verurteilt worden war, seit mindestens drei Jahren erstanden, so kann ihn der Richter auf sein Gesuch zu einem Amte wieder wählbar erklären, wenn sein Verhalten dies rechtfertigt und wenn er den gerichtlich festgestellten Schaden ersetzt hat.

3. *Wiedereinsetzung in die elterliche und vormundschaftliche Gewalt.* Ist jemand für unfähig erklärt worden, die elterliche und die vormundschaftliche Gewalt auszuüben (Art. 42), und hat er die Freiheitsstrafe, zu der er verurteilt worden war, seit mindestens drei Jahren erstanden, so kann ihn der Richter auf sein Gesuch nach Anhörung der Vormundschaftsbehörde in diese Fähigkeit wieder einsetzen, wenn sein Verhalten dies rechtfertigt.

4. *Aufhebung des Verbotes, einen Beruf, ein Gewerbe oder ein Handelsgeschäft auszuüben.* Hat der Richter dem Schuldigen die Ausübung eines Berufes, Gewerbes oder Handelsgeschäftes für mindestens drei Jahre untersagt (Art. 43), und hat dieser die Freiheitsstrafe, zu der er verurteilt worden war, seit mindestens drei Jahren erstanden,

so kann ihn der Richter auf sein Gesuch zu der Ausübung des Berufes, Gewerbes oder Handelsgeschäftes wieder zulassen, wenn ein weiterer Mißbrauch nicht zu besorgen ist, und wenn der Verurteilte den gerichtlich festgestellten Schaden, soweit es ihm möglich war, ersetzt hat.

5. Weist der Richter das Gesuch ab, so kann er verfügen, daß es nicht vor einer bestimmten Zeit erneuert werden darf.

Schlußbestimmung.

63. *Erklärung gesetzlicher Ausdrücke.* Für den Sprachgebrauch des Gesetzes gilt folgendes:

1. Beamte. Beamte sind die öffentlichen Beamten und Angestellten.

2. Frau. Eine Frauensperson wird Frau genannt.

3. Angehörige. Angehörige sind die Verwandten gerader Linie, vollbürtige und halbbürtige Geschwister und der Ehegatte einer Person.

4. Familiengenosse. Familiengenosse einer Person ist, wer mit ihr in demselben Haushalte lebt.

5. Gewalt. Dem Nötigen durch Gewalt wird jede andere Handlung gleichgestellt, die eine Person zum Widerstand unfähig macht.

6. Geld. Geld ist das Metallgeld und das Papiergeld.

7. Emissionspapiere. Emissionspapiere sind Obligationen, Gold- und Silberzertifikate, Aktien, Anteilscheine, Pfandbriefe und Anleihenstitel mit Grundpfand, die in größerer Zahl ausgegeben werden (Schweizerisches Zivilgesetzbuch, Art. 875 ff. und 916 ff.) und die Zins- und Dividendencoupons solcher Papiere.

8. Urkunde. Urkunden sind Schriften, deren Inhalt bestimmt oder geeignet ist, eine Tatsache von rechtlicher Bedeutung zu beweisen. — Öffentlich ist eine Urkunde, wenn sie von einem Beamten kraft seines Amtes oder von einer Person öffentlichen Glaubens in dieser Eigenschaft ausgestellt wird.

9. Mit Zuchthaus bedroht. Mit Zuchthaus bedroht ist eine Tat, wenn das Gesetz die Tat einzig oder wahlweise mit Zuchthaus bedroht.

10. Tag. Monat. Jahr. Der Tag hat vierundzwanzig Stunden. Der Monat und das Jahr werden nach dem Kalender berechnet.

Besonderer Teil.

Erster Abschnitt. Verbrechen gegen Leib und Leben.

Art. 64. *Tötung.* Wer einen Menschen vorsätzlich tötet, wird mit Zuchthaus nicht unter fünf Jahren bestraft.

Mord. Tötet der Täter aus Mordlust, aus Habgier, mit Grausamkeit, heimtückisch, durch Gift, Sprengstoff oder Feuer, oder um die Begehung eines andern Verbrechens zu verdecken oder zu erleichtern, so wird er mit lebenslänglichem Zuchthaus bestraft.

Totschlag. Tötet der Täter in leidenschaftlicher Aufwallung, so ist die Strafe Zuchthaus bis zu zehn Jahren oder Gefängnis von ein bis fünf Jahren.

65. *Tötung auf Verlangen.* Wer einen Menschen auf sein dringendes und ernstliches Verlangen tötet, wird mit Gefängnis bestraft.

66. *Anstiftung und Beihülfe zum Selbstmord.* Wer jemanden aus selbstsüchtigen Beweggründen zum Selbstmord bestimmt oder ihm dazu Hülfe geleistet hat, wird, wenn der Selbstmord ausgeführt oder versucht wurde, mit Gefängnis oder mit Zuchthaus bis zu fünf Jahren bestraft.

67. *Kindestötung.* Tötet eine Mutter, die noch unter dem Einflusse des Geburtsvorganges steht, ihr Kind vorsätzlich, so wird sie mit Zuchthaus bis zu fünf Jahren oder mit Gefängnis nicht unter sechs Monaten bestraft.

68. *Abtreibung.* 1. Treibt eine Schwangere ihre Frucht ab, um sie zu töten, oder läßt sie ihre Frucht abtreiben, so wird sie mit Zuchthaus bis zu fünf Jahren oder mit Gefängnis bestraft.

2. Wer einer Frau mit ihrem Willen die Frucht, um sie zu töten, abtreibt, oder ihr dazu Hülfe leistet, wird mit Zuchthaus oder Gefängnis bis zu fünf Jahren bestraft; handelt der Täter gegen Entgelt, so ist die Strafe Zuchthaus bis zu zehn Jahren.

3. Wer einer Frau ohne ihren Willen die Frucht, um sie zu töten, abtreibt, wird mit Zuchthaus von drei bis zu zehn Jahren bestraft.

4. Die Strafe ist Zuchthaus nicht unter drei Jahren:

wenn der Täter aus dem Abtreiben ein Gewerbe macht;

wenn die Frau an den Folgen der Abtreibung stirbt und der Täter diesen Ausgang voraussehen konnte.

5. Das Verbrechen verjährt in zwei Jahren.

69. *Aussetzung.* Wer einen Hilflosen, für den er zu sorgen verpflichtet ist, einer Gefahr für das Leben oder einer schweren unmittelbaren Gefahr für die Gesundheit aussetzt,

wer einen Hilflosen, für den er zu sorgen verpflichtet ist, in einer Gefahr für das Leben oder in einer schweren unmittelbaren Gefahr für die Gesundheit im Stiche läßt,

wird mit Zuchthaus bis zu fünf Jahren oder mit Gefängnis nicht unter einem Monat bestraft.

70. *Herausforderung zum Zweikampf.* Wer jemanden zum Zweikampf herausfordert,

wer eine Herausforderung zum Zweikampf annimmt,

wird, wenn der Zweikampf ohne sein Zutun nicht zustande kommt, mit Buße bis zu tausend Franken bestraft.

71. *Zweikampf.* 1. Der Zweikampf wird mit Gefängnis bis zu fünf Jahren bestraft; schützen sich die Kämpfenden durch geeignete Vorkehren gegen Lebensgefahr, so ist die Strafe Gefängnis.

Mit der Gefängnisstrafe kann Buße verbunden werden.

2. Strafbar sind nur die Teilnehmer, die zu dem Zweikampf angereizt haben.

3. Wer den Regeln des Zweikampfes wissentlich zuwiderhandelt und seinen Gegner infolgedessen tötet oder verletzt, wird wegen Tötung oder Körperverletzung bestraft

72. *Gefährdung des Lebens.* Wer einen Menschen wissentlich und gewissenlos in unmittelbare Lebensgefahr bringt, wird mit Zuchthaus bis zu drei Jahren oder mit Gefängnis nicht unter einem Monat bestraft.

Handelt der Täter aus Gewinnsucht, so wird mit der Freiheitsstrafe Buße bis zu zehntausend Franken verbunden.

73. *Fahrlässige Tötung.* Wer den Tod eines Menschen fahrlässig verursacht, wird mit Gefängnis bestraft.

Verletzt der Täter durch die Fahrlässigkeit eine besondere Pflicht seines Amtes, Berufes oder Gewerbes, so ist die Strafe Gefängnis von einem Monat bis zu fünf Jahren.

74. *Körperverletzung mit bleibendem Nachteil.* 1. Wer vorsätzlich

einen Körperteil oder ein wichtiges Glied oder Organ eines Menschen verstümmelt oder ein wichtiges Glied oder Organ eines Menschen unbrauchbar macht,

einen Menschen dauernd arbeitsunfähig, siech oder geisteskrank macht,

einen Menschen lebensgefährlich verletzt,

das Gesicht eines Menschen arg und dauernd entstellt,

wird mit Zuchthaus bis zu acht Jahren bestraft.

2. Stirbt der Verletzte an den Folgen und hat der Täter diesen Ausgang voraussehen können, so ist die Strafe Zuchthaus bis zu zehn Jahren.

75. *Schwere Körperverletzung.* 1. Wer einen Menschen vorsätzlich an einem Körperteil oder an einem wichtigen Glied oder Organ oder an seiner Gesundheit schwer schädigt oder schwächt, wird mit Zuchthaus bis zu drei Jahren oder mit Gefängnis von sechs Monaten bis zu drei Jahren bestraft.

2. Wollte der Täter eine schwere Körperverletzung verursachen, verursacht er aber eine Körperverletzung mit bleibendem Nachteil (Art. 74) und konnte er dies voraussehen, so ist die Strafe Zuchthaus bis zu fünf Jahren oder Gefängnis von sechs Monaten bis zu fünf Jahren.

3. Wollte der Täter eine schwere Körperverletzung verursachen, verursacht er aber den Tod des Verletzten und konnte er dies voraussehen, so ist die Strafe Zuchthaus bis zu sechs Jahren.

76. *Körperverletzung.* 1. Wer einen Menschen vorsätzlich an seinem Körper oder an seiner Gesundheit schädigt oder schwächt, wird auf Antrag mit Gefängnis bestraft. Hat der Täter eine Waffe oder ein gefährliches Werkzeug gebraucht oder einen hilflosen Menschen verletzt, so wird er, ebenso wie in den folgenden Fällen, von Amts wegen bestraft.

2. Wollte der Täter keine schwere Folge verursachen, verursacht er aber eine schwere Körperverletzung (Art. 75) und konnte er dies veraussehen, so wird er mit Gefängnis nicht unter einem Monat bestraft.

3. Wollte der Täter keine schwere Folge verursachen, verursacht er aber eine Körperverletzung mit bleibendem Nachteil (Art. 74) und konnte er dies voraussehen, so wird er mit Gefängnis von sechs Monaten bis zu fünf Jahren bestraft.

4. Wollte der Täter keine schwere Folge verursachen, verursacht er aber den Tod des Verletzten und konnte er dies voraussehen, so ist die Strafe Zuchthaus bis zu fünf Jahren oder Gefängnis von einem bis zu fünf Jahren.

77. *Zufällige Folgen einer Körperverletzung.* Hat der Täter die schwere Folge, die er verursacht, weder verursachen wollen noch voraussehen können, so gilt für ihn die Strafe der Körperverletzung, die er verursachen wollte.

78. *Schlägerei.* Wer an einer Schlägerei teilnimmt und nicht bloß abwehrt oder scheidet, wird mit Gefängnis bestraft; überdies finden die Bestimmungen über Körperverletzung Anwendung.

79. *Gefährdung der Gesundheit.* Wer die Gesundheit eines Menschen wissentlich und gewissenlos in schwere und unmittelbare Gefahr bringt;

eine geschlechtskranke Person, die jemanden wissentlich, namentlich durch geschlechtlichen Verkehr, in unmittelbare Gefahr bringt, von ihr angesteckt zu werden,

wird mit Gefängnis bestraft.

Die Gefährdung des Ehegatten durch geschlechtlichen Verkehr wird auf Antrag bestraft.

80. *Mißhandlung und Vernachlässigung eines Kindes.* Wer ein Kind unter sechzehn Jahren, dessen Pflege ihm obliegt, in einer Weise mißhandelt oder vernachlässigt, die dessen Gesundheit schädigt, schwächt oder schwer gefährdet, wird mit Gefängnis nicht unter einem Monate bestraft.

Hat die Mißhandlung oder die Vernachlässigung des Kindes eine schwere Körperverletzung oder eine Körperverletzung mit bleibendem Nachteil zur Folge und konnte der Täter dies voraussehen, so wird er mit Zuchthaus bis zu fünf Jahren oder mit Gefängnis nicht unter sechs Monaten bestraft; hat sie den Tod des Kindes zur Folge und konnte der Täter dies voraussehen, so ist die Strafe Zuchthaus bis zu zehn Jahren.

Hat der Schuldige die elterliche Gewalt oder die Vormundschaft über das Kind, so wird sie ihm entzogen (Art. 42).

Der Richter veranlaßt die vormundschaftliche Behörde, das Kind anders unterzubringen (ZGB. Art. 283 u. ff.).

81. *Überanstrengung von Kindern und Untergebenen.* Wer die körperlichen oder die geistigen Kräfte seines unmündigen Kindes oder eines ihm untergebenen unmündigen oder weiblichen Angestellten, Arbeiters, Lehrlings, Dienstboten, Zöglings oder Pfleglings aus Eigennutz, Selbstsucht oder Bosheit in einer Weise überanstrengt, die dessen Gesundheit schädigt, schwächt oder schwer gefährdet, wird mit Gefängnis oder mit Buße bis zu zehntausend Franken bestraft.

Wird die Gesundheit der Person durch die Überanstrengung zerstört und konnte der Täter dies voraussehen, so ist die Strafe Gefängnis von sechs Monaten bis zu fünf Jahren.

82. *Fahrlässige Körperverletzung.* Wer aus Fahrlässigkeit eine Körperverletzung oder Gesundheitsschädigung eines Menschen verursacht, wird auf Antrag mit Gefängnis oder mit Buße bestraft. Hat der Täter eine besondere Pflicht seines Amtes, Berufes oder Gewerbes verletzt, so wird er von Amts wegen mit Gefängnis bis zu fünf Jahren bestraft.

Zweiter Abschnitt. Verbrechen gegen das Vermögen.

83. 1. *Diebstahl.* Wer eine fremde Sache jemandem wegnimmt oder einer fremden elektrischen Anlage Energie entzieht, um sich oder einen andern damit zu bereichern, wird mit Gefängnis oder mit Zuchthaus bis zu fünf Jahren bestraft.

2. Der Diebstahl zum Nachteil eines Angehörigen oder Familiengenossen wird auf Antrag bestraft.

3. *Schwerer Diebstahl.* Der Dieb wird mit Zuchthaus biz zu zehn Jahren bestraft:

wenn er den Diebstahl auf gefährliche oder freche Art begeht
wenn er den Diebstahl als Mitglied einer Bande ausführt;
wenn er das Stehlen gewerbsmäßig betreibt.

84. *Raub.* 1. Wer in der Absicht einen Diebstahl zu begehen oder wer auf einem Diebstahl betreten, an jemandem Gewalt verübt oder ihn gefährlich bedroht, wird mit Zuchthaus bestraft.

2. Der Räuber wird mit Zuchthaus nicht unter fünf Jahren bestraft:

wenn er jemanden mit dem Tode bedroht oder schwer verletzt;
wenn er den Raub als Mitglied einer Bande ausführt;
wenn er den Raub auf einem Wege, Platze oder Fahrzeuge, die dem öffentlichen Verkehr dienen, begeht.

3. Auf lebenslängliches Zuchthaus kann erkannt werden, wenn der Raub mittels körperlicher Martern gegen eine Person begangen wurde.

85. *Unterschlagung.* 1. Wer sich eine fremde Sache, die er in Gewahrsam hat, aneignet, um sich oder einen andern damit zu bereichern, wer einer fremden elektrischen Anlage, die er in Gewahrsam hat, elektrische Energie entzieht, um sich oder einen andern damit zu bereichern,

wer anvertrautes Gut, namentlich Geld, unrechtmäßig in seinem oder eines anderen Nutzen verwendet,

wird mit Gefängnis oder mit Zuchthaus bis zu fünf Jahren bestraft.

2. Die Unterschlagung zum Nachteil eines Angehörigen oder Familiengenossen wird auf Antrag bestraft.

3. Wer die Tat als Beamter, Vormund, Beistand, berufsmäßiger Vermögensverwalter oder bei Ausübung eines Berufes oder Gewerbes, zu der er staatlich ermächtigt ist, begeht, wird mit Zuchthaus bis zu zehn Jahren bestraft. Ist der Wert der Sache oder des Gutes nicht bedeutend, so kann auf Gefängnis nicht unter einem Monate erkannt werden.

86. *Fundunterschlagung.* Wer sich eine Sache, die er gefunden hat, aneignet,

wer sich eine Sache, die ihm durch Naturgewalt oder durch zufällige Ereignisse zugeführt worden ist, oder ein fremdes Tier, das in seinen Gewahrsam geraten ist, aneignet,

wird auf Antrag mit Gefängnis oder mit Buße bestraft.

87. *Hehlerei.* Wer eine Sache, von der er weiß oder annehmen muß, daß sie durch eine strafbare Handlung erlangt worden ist, erwirbt, zum Pfande nimmt, verheimlicht oder absetzen hilft, wird mit Gefängnis oder mit Zuchthaus bis zu drei Jahren bestraft. Betreibt er das Hehlen als Gewerbe, so ist die Strafe Zuchthaus bis zu zehn Jahren und Buße bis zu zwanzigtausend Franken.

88. *Eigentumsschädigung.* Wer fremdes Eigentum beschädigt, zerstört, unbrauchbar macht oder dem Eigentümer dauernd entzieht,

wer dem Eigentümer elektrische Energie entzieht,

wird mit Gefängnis oder mit Buße bestraft.

Hat der Täter aus gemeiner Gesinnung absichtlich einen großen Schaden verursacht, so ist die Strafe Zuchthaus bis zu zehn Jahren.

89. *Verletzung eines dinglichen Rechtes.* Wer die Ausübung eines Pfandrechtes, eines Retentionsrechtes, einer Dienstbarkeit, die an seinem Eigentum bestehen, arglistig unmöglich macht oder schmälert, so namentlich durch Zerstören, Unbrauchbarmachen, Entziehen oder Beschädigen der Sache;

wer eine solche Handlung im Interesse des Eigentümers vornimmt,

wird auf Antrag mit Gefängnis oder mit Buße bestraft.

90. *Betrug.* 1. Wer in der Absicht, sich oder einen andern zu bereichern, jemanden durch fälschliches Vorspiegeln oder durch Unterdrücken von Tatsachen arglistig irreführt oder den Irrtum eines andern arglistig benutzt und dadurch den Irrenden zu einem Verhalten bestimmt, durch das der Irrende sich selbst oder einen andern am Vermögen schädigt, wer sich in einem Gasthofe oder in einer Pension beherbergen läßt, um dort auf Kosten des Wirtes zu leben,

wird mit Gefängnis oder mit Zuchthaus bis zu fünf Jahren bestraft.

2. Der Betrug zum Nachteil eines Angehörigen oder Familiengenossen wird auf Antrag bestraft.

3. Der Betrüger wird mit Zuchthaus bis zu zehn Jahren bestraft, wenn er den Betrug gewerbsmäßig betreibt.

91. *Erpressung.* 1. Wer jemanden durch Gewalt oder schwere Drohung nötigt, ihm oder einem andern einen Vermögensvorteil zu gewähren oder zu überlassen, auf den er keinen Anspruch hat;

wer jemanden wissen läßt, er werde etwas bekannt machen, anzeigen oder verraten, was ihm oder einer Person, die ihm nahesteht, nachteilig ist, und ihn dadurch arglistig veranlaßt, sein Schweigen durch Vermögensleistungen zu erkaufen,

wird mit Gefängnis nicht unter einem Monate oder mit Zuchthaus bis zu fünf Jahren bestraft. Mit der Freiheitsstrafe kann Buße bis zu zehntausend Franken verbunden werden.

2. Der Täter wird mit Zuchthaus bis zu zehn Jahren bestraft, wenn er das Erpressen gewerbsmäßig betreibt.

92. *Wucher.* 1. Wer die Notlage, die Unerfahrenheit, die Abhängigkeit oder die Charakterschwäche einer Person arglistig benützt, um sich oder einem andern für eine geschäftliche Leistung namentlich auf Kredit, Vermögensvorteile geben oder versprechen zu lassen, die mit dem Vermögensvorteil, den er ihr gewährt, in keinem Verhältnis stehen;

wer in Kenntnis des Sachverhalts eine wucherische Forderung erwirbt, um sie weiter zu veräußern oder geltend zu machen, oder sie weiter veräußert oder geltend macht,

wird mit Gefängnis nicht unter drei Monaten oder mit Zuchthaus bis zu fünf Jahren bestraft.

2. Der Wucherer wird mit Zuchthaus bis zu zehn Jahren bestraft:

wenn er jemanden wissentlich dem wirtschaftlichen Ruin zuführt;

wenn er den Wucher gewerbsmäßig betreibt.

3. Der Wucherer wird neben der Freiheitsstrafe zu einer Buße bis zu zwanzigtausend Franken verurteilt.

4. Das Gericht ermäßigt die wucherische Forderung angemessen. Es verurteilt den Schuldigen, was er zu viel bezogen hat, zurückzuerstatten.

93. *Verleitung zu Spekulationen.* Wer die Unerfahrenheit einer Person in Börsengeschäften aus geschäftlichem Interesse, namentlich als Bankier oder Börsenagent, benützt, um sie zu Spekulationen in Wertpapieren oder Waren zu verleiten, die, wie er weiß oder wissen sollte, zu ihrem Vermögen nicht im Verhältnis stehen, wird mit Gefängnis und mit Buße bis zu zehntausend Franken bestraft. Er hat keinen Anspruch auf Gebühren für seine Vermittlung und er hat das, was er hierfür und was er überdies zu viel bezogen hat, zurückzuerstatten.

94. *Ungetreue Geschäftsführung.* Wer jemanden wissentlich an Vermögen schädigt, für das er zufolge einer Rechtspflicht sorgen soll, wird mit Gefängnis bis zu fünf Jahren und wenn er aus Gewinnsucht handelt, überdies mit Buße bis zu zwanzigtausend Franken bestraft.

95. *Kreditschädigung.* Wer jemandes Kredit böswillig und wider besseres Wissen schädigt oder gefährdet, wird auf Antrag mit Gefängnis oder mit Buße bis zu zehntausend Franken bestraft. Die beiden Strafen können verbunden werden.

96. *Unlauterer Wettbewerb.* Wer jemandem die Kundschaft durch unehrliche Mittel, namentlich durch arglistige Kniffe, schwindelhafte Angaben, böswillige Verdächtigungen abspenstig macht, wird auf Antrag mit Gefängnis oder mit Buße bis zu zwanzigtausend Franken bestraft. Die beiden Strafen können verbunden werden.

97. *Verletzung des Fabrikations- und Geschäftsgeheimnisses.* Wer ein Fabrikationsgeheimnis oder ein Geschäftsgeheimnis, das er zufolge einer Rechtspflicht bewahren soll, verrät;

wer sich den Verrat wissentlich zunutze macht;

wer ein Fabrikationsgeheimnis oder ein Geschäftsgeheimnis durch unerlaubte Mittel auskundschaftet,

wird auf Antrag mit Buße bis zu zwanzigtausend Franken oder mit Gefängnis bestraft. Die beiden Strafen können verbunden werden.

98. *Betrügerischer Konkurs und betrügerische Handlungen im Betreibungsverfahren.* Wer seinen Gläubigern Vermögen, das ihnen in einem Konkurs oder Betreibungsverfahren zukommen sollte, entzieht, indem er

sein Vermögen vermindert, namentlich Vermögensstücke veräußert, zerstört, beschädigt oder entwertet oder neue Schulden macht, oder

sein Vermögen zum Schein vermindert, namentlich Vermögensstücke beiseite schafft oder verheimlicht, Schulden vortäuscht oder, besonders durch falsche Buchführung oder Bilanz, einen geringeren Vermögensstand vorspiegelt,

wird mit Gefängnis nicht unter einem Monat oder mit Zuchthaus bis zu fünf Jahren bestraft.

2. Wer den Gläubigern eines Andern Vermögen, das ihnen in einem Konkurs- oder Betreibungsverfahren zukommen sollte, im Interesse des Schuldners entzieht, wird, wenn er nicht als Teilnehmer strafbar ist, mit Gefängnis bestraft.

99. *Leichtsinniger Konkurs und fahrlässiger Vermögensverfall.* Wer seine Gläubiger durch argen Leichtsinn, namentlich durch unsinnigen Aufwand, gewagte Spekulation oder grobe Nachlässigkeit in einem

Konkurs- oder Betreibungsverfahren zu Schaden bringt, wird mit Gefängnis bestraft.

100. *Begünstigung eines Gläubigers.* Wer einen Gläubiger in einem Konkurs- oder Betreibungsverfahren wissentlich zum Schaden anderer Gläubiger begünstigt, wird mit Gefängnis bestraft.

101. *Stimmenkauf.* Wer einem Gläubiger für seine Stimme in der Gläubigerversammlung oder für seine Zustimmung zu einem Nachlaßvertrage besondere Vorteile zusichert oder zuwendet,

der Gläubiger, der sich solche Vorteile zusichern oder zu wenden läßt,

wird mit Gefängnis bestraft.

102. *Verfügung über Pfandsachen.* 1. Wer über eine amtlich gepfändete oder mit Arrest belegte Sache, die in seinem Gewahrsam gelassen wurde, eigenmächtig verfügt, wird mit Gefängnis bestraft.

2. Wer über eine Sache, die im Konkurs- oder im Betreibungsverfahren amtlich aufgezeichnet worden ist (Art. 162, 221, 283 Abs. 3, SchKG.), eigenmächtig verfügt, wird mit Gefängnis bestraft.

103. *Erschleichung eines Nachlaßvertrages.* Wer über seine Vermögenslage, namentlich durch falsche Bilanz, irreführt und dadurch einen Nachlaßvertrag erwirkt, wird mit Gefängnis nicht unter einem Monat bestraft.

104. *Juristische Personen.* Ist in den Fällen der Art. 98 bis 103 der Schuldner, im Falle des Art. 101 der Schuldner oder der Gläubiger, eine juristische Person oder ein ähnlicher Personenverband, so werden die Personen, die die Tat begehen, namentlich die Mitglieder der Direktion oder der Aufsichts- und Verwaltungsbehörden oder andere geschäftsleitende Personen bestraft.

Dritter Abschnitt. Verbrechen gegen die Ehre.

105. *Verleumdung.* Wer jemandem wider besseres Wissen ein unehrenhaftes Verhalten, schwere sittliche Gebrechen oder Tatsachen, die geeignet sind, seinen guten Ruf zu schädigen, nachredet oder eine solche Nachrede verbreitet, wird auf Antrag mit Gefängnis bestraft.

Ist der Verleumder planmäßig darauf ausgegangen, den guten Ruf der Person zu untergraben, so kann auf Zuchthaus bis zu fünf Jahren erkannt werden.

106. *Üble Nachrede.* 1. Wer jemandem ein unehrenhaftes Verhalten, schwere sittliche Gebrechen oder Tatsachen, die geeignet sind, seinen guten Ruf zu schädigen, nachredet oder eine solche Nachrede verbreitet, wird, wenn die Nachrede nicht erwiesen ist, auf Antrag mit Buße oder mit Gefängnis bis zu drei Monaten bestraft.

Eine strafbare Tat kann nur durch ein Strafurteil bewiesen werden. Tatsachen des ehelichen und des Familienlebens werden nur dann zum Beweise zugelassen, wenn sie eine strafbare Tat enthalten.

2. Erklärt der Beschuldigte die Nachrede vor dem Richter für unwahr, und zieht er sie förmlich zurück, so stellt der Richter dem Beleidigten eine Urkunde darüber aus; hat der Beschuldigte die Nachrede aus verzeihlichem Irrtum für wahr gehalten, so kann er von Strafe befreit werden.

3. Ist die Nachrede wahr, hatte der Täter aber keine begründete Veranlassung dazu, und war es ihm nur darum zu tun, dem andern Übles nachzureden, so wird er mit Buße bestraft.

107. *Verleumdung und üble Nachrede gegen einen Verstorbenen.* Ist eine Verleumdung oder eine üble Nachrede gegen einen Verstorbenen gerichtet, so sind die Angehörigen zum Antrag berechtigt.

108. *Beschimpfung.* Wer jemanden durch Wort oder Tat beschimpft, wird auf Antrag mit Buße oder mit Gefängnis bis zu einem Monat bestraft.

Hat der Beschimpfte durch sein ungebührliches oder strafbares Verhalten zu der Beschimpfung unmittelbar Anlaß gegeben, so kann der Täter von Strafe befreit werden.

109. *Verantwortlichkeit des Redaktors.* Wird eine Verleumdung, eine üble Nachrede oder eine Beschimpfung ohne den Namen des Verfassers in einer Zeitung oder Zeitschrift veröffentlicht, so ist der Redaktor hierfür einzig verantwortlich.

Der Redaktor ist nicht verpflichtet, den Namen des Verfassers zu nennen; nennt er aber den Verfasser oder nennt sich der Verfasser selbst, so werden beide nach ihrem Verschulden beurteilt.

Wird der Redaktor zu einer Buße verurteilt, so haftet der Verleger dafür.

Das Verbrechen verjährt in einem Jahre von der Veröffentlichung an.

Vierter Abschnitt. Verbrechen gegen die Freiheit.

110. *Drohung.* Wer die Sicherheit einer Person durch eine schwere Drohung gefährdet, wird auf Antrag mit Gefängnis oder mit Buße bestraft.

111. *Nötigung.* Wer jemanden durch Gewalt oder schwere Drohung in rechtswidriger Absicht nötigt, etwas zu tun, zu lassen oder zu dulden, wird mit Gefängnis oder mit Buße bestraft.

112. *Freiheitsentziehung.* 1. Wer jemanden widerrechtlich festnimmt oder gefangen hält, oder jemandem in anderer Weise widerrechtlich die Freiheit entzieht, wird mit Gefängnis bestraft.

2. Der Täter wird mit Zuchthaus bis zu zehn Jahren bestraft:

wenn er der Person die Freiheit entzieht, um sie zur Unzucht zu mißbrauchen oder sie der Unzucht zu überliefern;

wenn er einer Person die Freiheit unter dem falschen Vorgeben, sie sei geisteskrank, entzieht oder arglistig entziehen läßt;

wenn er die Person grausam behandelt oder ihr über einen Monat die Freiheit entzieht.

113. *Entführung.* Wer eine Frau durch List, Gewalt oder Drohung wider ihren Willen entführt, wird auf Antrag mit Gefängnis nicht unter drei Monaten bestraft. Geht die Entführte die Ehe mit dem Entführer ein, so beginnt die Antragsfrist mit dem Tage, an dem die Ehe rechtskräftig nichtig oder ungültig erklärt wird.

Entführt der Täter die Frau, um sie zur Unzucht zu mißbrauchen oder sie der Unzucht zu überliefern, so wird er mit Zuchthaus bis zu zehn Jahren bestraft.

114. *Entführung einer Willenlosen oder Wehrlosen.* Wer eine geisteskranke, blödsinnige, im Bewußtsein schwer gestörte oder zum Widerstand unfähige Frau in Kenntnis ihres Zustandes entführt, um sie zur Unzucht zu mißbrauchen oder sie der Unzucht zu überliefern, wird mit Zuchthaus bis zu zehn Jahren bestraft.

115. *Entführung eines Kindes.* Wer ein Kind unter sechzehn Jahren entführt, um es zur Unzucht zu mißbrauchen oder der Unzucht zu überliefern, um Gewinn aus dem Kinde zu ziehen oder um ein Lösegeld zu erlangen, wird mit Zuchthaus bis zu fünf Jahren oder mit Gefängnis nicht unter sechs Monaten bestraft.

116. *Hausfriedensbruch.* Wer in ein Haus oder in den abgeschlossenen Raum eines Hauses oder in ein eingefriedigtes Grundstück widerrechtlich eindringt oder gegen den erklärten Willen eines Berechtigten darin verweilt, wird auf Antrag mit Gefängnis oder mit Buße bestraft. Hat sich der Täter in diebischer Absicht eingeschlichen, so wird er mit Gefängnis bestraft.

117. *Verletzung des Briefgeheimnisses.* Wer einen Brief oder eine andere verschlossene Schrift, ohne dazu berechtigt zu sein, öffnet, wird auf Antrag mit Buße oder mit Gefängnis bis zu drei Monaten bestraft. Die beiden Strafen können verbunden werden.

Fünfter Abschnitt. Verbrechen gegen die Sittlichkeit.

118. *Notzucht.* Wer eine Frau mit Gewalt oder durch schwere Drohung zum außerehelichen Beischlaf nötigt, wird mit Zuchthaus bestraft.

Wer eine Frau zum außerehelichen Beischlaf mißbraucht, nachdem er sie zu diesem Zweck bewußtlos oder zum Widerstande unfähig gemacht hat, wird mit Zuchthaus nicht unter drei Jahren bestraft.

119. *Unzüchtige Nötigung.* Wer eine Person mit Gewalt oder durch schwere Drohung nötigt, eine unzüchtige Handlung zu dulden oder vorzunehmen, wird mit Zuchthaus bis zu sechs Jahren oder mit Gefängnis nicht unter drei Monaten bestraft.

Wer eine Person zu einer unzüchtigen Handlung mißbraucht, nachdem er sie zu diesem Zwecke bewußtlos oder zum Widerstand unfähig gemacht hat, wird mit Zuchthaus bis zu zehn Jahren bestraft.

120. *Unzüchtiger Mifsbrauch einer Bewufstlosen oder Wehrlosen.* Wer eine bewußtlose oder zum Widerstand unfähige Frau in Kenntnis ihres Zustandes zum außerehelichen Beischlaf mißbraucht, wird mit Zuchthaus bis zu zehn Jahren bestraft.

Wer eine bewußtlose oder zum Widerstand unfähige Frau in Kenntnis ihres Zustandes zu einer unzüchtigen Handlung mißbraucht, wird mit Zuchthaus bis zu fünf Jahren oder mit Gefängnis nicht unter drei Monaten bestraft.

Konnte der Täter die Einwilligung der Frau annehmen, so ist er straflos.

121. *Schändung.* 1. Wer eine blödsinnige oder geisteskranke Person in Kenntnis ihres Zustandes zum außerehelichen Beischlaf mißbraucht, wird mit Zuchthaus bis zu zehn Jahren bestraft.

2. Wer eine schwachsinnige Person oder eine Person, deren geistige Gesundheit wesentlich beeinträchtigt ist, in Kenntnis ihres Zustandes zum außerehelichen Beischlaf mißbraucht, wird mit Zuchthaus bis zu fünf Jahren oder mit Gefängnis nicht unter drei Monaten bestraft.

3. Wer eine blödsinnige oder geisteskranke Person in Kenntnis ihres Zustandes zu einer unzüchtigen Handlung mißbraucht, wird mit Zuchthaus bis zu sechs Jahren oder mit Gefängnis nicht unter drei Monaten bestraft.

122. *Unzucht mit Kindern.* 1. Wer ein Kind unter sechzehn Jahren zum Beischlaf oder zu einer ähnlichen Handlung mißbraucht, wird mit Zuchthaus nicht unter zwei Jahren bestraft.

Wer mit einem Kinde unter sechzehn Jahren eine andere unzüchtige Handlung vornimmt, wird mit Zuchthaus bis zu zehn Jahren oder mit Gefängnis nicht unter drei Monaten bestraft.

Wer ein Kind unter sechzehn Jahren zu einer unzüchtigen Handlung verleitet oder aus geschlechtlicher Lust eine unzüchtige Handlung vor einem Kinde dieses Alters vornimmt, wird mit Gefängnis nicht unter einem Monat oder mit Zuchthaus bis zu sechs Jahren bestraft.

2. Ist das Kind der Schüler, Zögling, Lehrling oder das Kind, Stiefkind oder Pflegekind des Täters, so ist die Strafe in jedem Falle Zuchthaus.

123. *Unzucht mit unmündigen Pflegebefohlenen.* 1. Wer mit seinem unmündigen Kinde, Großkinde, Stiefkinde, Pflegekinde, Mündel, Schüler, Zögling, Lehrling oder Dienstboten eine unzüchtige Handlung vornimmt oder die unmündige Person zu einer unzüchtigen Handlung verführt, wird mit Gefängnis nicht unter einem Monat oder mit Zuchthaus bis zu drei Jahren bestraft.

2. Wer sein unmündiges Stiefkind, Pflegekind, Mündel, seinen unmündigen Schüler, Zögling, Lehrling oder seinen unmündigen

Dienstboten zum Beischlaf verführt, wird mit Zuchthaus bis zu fünf Jahren oder mit Gefängnis nicht unter drei Monaten bestraft.

124. *Widernatürliche Unzucht mit Unmündigen.* Mißbraucht eine mündige Person eine unmündige Person desselben Geschlechts zu einer unzüchtigen Handlung, so wird sie mit Gefängnis nicht unter einem Monat bestraft.

125. *Unzucht einer Aufsichtsperson mit Pfleglingen, Gefangenen, Beschuldigten.* Wer mit dem Pflegling einer Anstalt oder eines Spitals oder mit einem Gefangenen, Verhafteten oder Beschuldigten, der unter seiner Aufsicht steht oder der von ihm abhängig ist, eine unzüchtige Handlung vornimmt, wird mit Zuchthaus bis zu drei Jahren oder mit Gefängnis nicht unter einem Monat bestraft; mißbraucht er die Person zum Beischlaf, so ist die Strafe Zuchthaus bis zu fünf Jahren oder Gefängnis nicht unter sechs Monaten.

126. *Gemeinsame Bestimmungen.* Für diese Verbrechen (Art. 118 bis 125) gelten folgende Bestimmungen:

Stirbt eine Person infolge des geschlechtlichen Mißbrauchs und konnte der Täter diese Folge voraussehen, so wird er mit Zuchthaus nicht unter zehn Jahren oder mit lebenslänglichem Zuchthaus bestraft.

Wird die Gesundheit der Person infolge des geschlechtlichen Mißbrauchs schwer geschädigt und konnte der Täter dies voraussehen, oder handelt der Täter unter Verübung von Grausamkeit, so ist die Strafe Zuchthaus nicht unter fünf Jahren.

127. *Verführung einer Unmündigen.* Wer die Unerfahrenheit oder das Vertrauen einer Unmündigen arglistig mißbraucht, um sie zum Beischlaf mit ihm zu verführen, wird mit Gefängnis bestraft.

Geht die Verführte die Ehe mit dem Täter ein, so ist er straflos.

128. *Verführung einer abhängigen Frau.* Wer die Not oder die Abhängigkeit einer Frau arglistig benützt, um den Beischlaf von ihr zu erlangen, wird mit Gefängnis bestraft.

Geht die Frau die Ehe mit dem Täter ein, so ist er straflos.

129. *Kuppelei.* Wer die gewerbsmäßige Unzucht einer Person gewinnsüchtig ausbeutet, namentlich als Gelegenheitsmacher oder Platzgeber, wird mit Gefängnis bestraft.

Ist die Person unmündig, so ist die Strafe Gefängnis nicht unter drei Monaten; ist sie noch nicht sechzehn Jahre alt, so ist die Strafe Zuchthaus bis zu fünf Jahren.

130. *Gewerbsmäfsige Kuppelei.* 1. Betreibt der Täter die Kuppelei als Gewerbe, hält er namentlich ein Bordell, so wird er mit Zuchthaus bis zu fünf Jahren oder mit Gefängnis nicht unter sechs Monaten und mit Einstellung in der bürgerlichen Ehrenfähigkeit bestraft.

2. Hält der Täter eine unmündige Person zur gewerbsmäßigen Unzucht an, so ist die Strafe Zuchthaus bis zu zehn Jahren.

3. Der gewerbsmäßige Kuppler wird in jedem Falle überdies mit Buße bis zu zwanzigtausend Franken bestraft.

131. *Zuhälter.* Wer als Zuhälter aus der gewerbsmäßigen Unzucht einer Frau Gewinn zieht, wird mit Zuchthaus bis zu fünf Jahren bestraft.

132. *Nötigung zur Unzucht mit andern.* Wer eine Person mit Gewalt oder Drohung nötigt, sich einem andern zur Unzucht preiszugeben, wird mit Zuchthaus bis zu zehn Jahren und mit Buße bis zu zwanzigtausend Franken bestraft.

Ist die Person unmündig oder unbescholten, so ist die Strafe Zuchthaus nicht unter drei Jahren.

133. *Verleitung zu gewerbsmäßiger Unzucht.* 1. Wer eine Unmündige zu gewerbsmäßiger Unzucht verleitet,

wer die Not oder die Abhängigkeit einer Frau benützt, um sie zu gewerbsmäßiger Unzucht zu verleiten,

wer seine Ehefrau, sein Kind oder Großkind oder eine Person, die ihm zur Pflege, Obhut oder Aufsicht anvertraut ist, zu gewerbsmäßiger Unzucht verleitet, oder ihre gewerbsmäßige Unzucht begünstigt,

wird mit Gefängnis nicht unter einem Monat und mit Einstellung in der bürgerlichen Ehrenfähigkeit bestraft.

2. Handelt der Täter aus Gewinnsucht, so ist die Strafe Zuchthaus bis zu drei Jahren.

134. *Mädchenhandel.* 1. Wer eine Frau gegen ihren Willen einem andern zu gewerbsmäßiger Unzucht überliefert, wird mit Zuchthaus bestraft.

2. Wer eine Unmündige einem andern zu gewerbsmäßiger Unzucht überliefert;

wer in der Schweiz Anstalten trifft, um eine Unmündige im Auslande der gewerbsmäßigen Unzucht zu überliefern,

wer in der Schweiz Anstalten trifft, um eine Frau gegen ihren Willen im Auslande der gewerbsmäßigen Unzucht zu überliefern,

wird mit Zuchthaus nicht unter zwei Jahren bestraft.

3. Die Strafe ist Zuchthaus nicht unter drei Jahren,

wenn die Person die Ehefrau, das Kind oder Großkind des Täters ist, oder wenn sie ihm zur Pflege, Obhut oder Aufsicht anvertraut ist;

wenn sie einem gewerbsmäßigen Kuppler überliefert werden soll;

wenn sie in das Ausland gebracht worden ist, oder wenn der Täter List, Gewalt oder Drohung gegen die Frau oder gegen eine andere Person verübt hat, um seinen Zweck zu erreichen.

Ist die Frau unbescholten, so wird der Täter mit Zuchthaus nicht unter fünf Jahren bestraft.

4. Mit der Freiheitsstrafe kann eine Buße bis zu zwanzigtausend Franken verbunden werden.

135. *Öffentliche unzüchtige Handlung.* Wer öffentlich eine unzüchtige Handlung begeht, wird mit Buße oder mit Gefängnis bestraft.

136. *Unzüchtige Schriften, Bilder, Gegenstände.* Wer unzüchtige Schriften, Bilder oder Gegenstände zum Verkauf herstellt, einführt, feilhält oder in Verkehr bringt, öffentlich ankündigt oder ausstellt oder geschäftsmäßig ausleiht, wird mit Buße bis zu zehntausend Franken bestraft. Überdies kann auf Gefängnis erkannt werden.

Wer unzüchtige Schriften, Bilder oder Gegenstände unter der Jugend verbreitet, wird mit Gefängnis und Buße bis zu zehntausend Franken bestraft.

Der Richter läßt die unzüchtigen Schriften, Bilder oder Gegenstände, die sich im Besitze des Täters befinden, vernichten.

Sechster Abschnitt. Verbrechen gegen die Familie.

137. *Blutschande.* Der Beischlaf zwischen Blutsverwandten in gerader Linie und zwischen voll- oder halbbürtigen Geschwistern wird mit Zuchthaus bis zu zwei Jahren oder mit Gefängnis nicht unter einem Monat bestraft.

Wer einen unmündigen Verwandten gerader Linie zum Beischlafe verleitet, wird mit Zuchthaus bis zu zehn Jahren bestraft; ist der Unmündige noch nicht sechzehn Jahre alt, so ist die Strafe Zuchthaus nicht unter zwei Jahren.

Unmündige, die der Verführung von Mündigen erlegen sind, bleiben straflos.

Das Verbrechen der Blutschande verjährt in zwei Jahren.

138. *Ehebruch.* Der Ehegatte, der einen Ehebruch begeht, und sein Mitschuldiger werden, wenn die Ehe wegen dieses Ehebruchs geschieden oder getrennt wurde, auf Antrag mit Gefängnis bestraft.

Der Strafantrag ist innerhalb eines Monats seit dem Tag, an dem das Scheidungs- oder Trennungsurteil rechtskräftig wurde, zu stellen.

Der Ehegatte, der dem Ehebruch zugestimmt oder der ihn verziehen hat, ist nicht zum Strafantrag berechtigt.

Stirbt der beleidigte Ehegatte, so fällt die Strafverfolgung und die erkannte Strafe weg.

139. *Mehrfache Ehe.* Wer eine Ehe schließt, trotzdem er schon verheiratet ist, wird mit Zuchthaus bis zu fünf Jahren oder mit Gefängnis nicht unter drei Monaten bestraft.

Der Unverheiratete, der wissentlich mit einer verheirateten Person eine Ehe schließt, wird mit Zuchthaus bis zu drei Jahren oder mit Gefängnis bestraft.

Die Verjährung beginnt nicht, solange eine mehrfache Ehe besteht.

140. *Unterdrückung und Veränderung des Personenstandes.* Wer den Personenstand eines andern unterdrückt, verändert oder fälscht, so namentlich wer ein Kind absichtlich unterschiebt oder verwechselt, wird mit Zuchthaus bis zu fünf Jahren bestraft.

Handelt der Täter aus achtungswerten Beweggründen, so ist die Strafe Gefängnis oder Buße.

141. *Verlassen der Geschwängerten.* Wer eine Frau, die von ihm schwanger ist, in bedrängter Lage im Stiche läßt, wird mit Gefängnis bestraft.

142. *Vorenthalten oder Entziehen von Unmündigen.* Wer eine unmündige Person dem Inhaber der elterlichen oder vormundschaftlichen Gewalt vorsätzlich vorenthält oder entzieht, wird mit Gefängnis bestraft.

Siebenter Abschnitt. Gemeingefährliche Verbrechen.

143. *Brandstiftung.* 1. Wer eine fremde oder eigene Sache anzündet, um dadurch eine Feuersbrunst an fremdem Eigentum zu verursachen, wird mit Zuchthaus bestraft.

Bringt der Täter dadurch wissentlich ein Menschenleben in Gefahr, so wird er mit Zuchthaus nicht unter zwei Jahren bestraft;

bringt er dadurch wissentlich das Leben vieler Menschen in Gefahr, so wird er mit Zuchthaus nicht unter fünf Jahren bestraft.

Ist keine Feuersbrunst oder ist nur geringer Schaden entstanden, so kann auf Gefängnis nicht unter drei Monaten erkannt werden.

2. Wer eine Feuersbrunst an der eigenen Sache verursacht und dadurch wissentlich fremdes Eigentum in Gefahr bringt, wird mit Zuchthaus oder mit Gefängnis nicht unter sechs Monaten bestraft.

3. Wer eine Feuersbrunst an der eigenen Sache verursacht und dadurch wissentlich ein Menschenleben in Gefahr bringt, wird mit Zuchthaus nicht unter zwei Jahren bestraft;

bringt er dadurch wissentlich das Leben vieler Menschen in Gefahr, so ist die Strafe Zuchthaus nicht unter fünf Jahren.

144. *Fahrlässige Brandstiftung.* Wer fahrlässig eine Feuersbrunst verursacht, wird mit Gefängnis oder mit Buße bis zu zehntausend Franken bestraft.

Hat der Täter fahrlässig eine Gefahr für ein Menschenleben herbeigeführt, so wird er mit Gefängnis nicht unter einem Monat bestraft; hat er fahrlässig eine Gefahr für viele Menschen herbeigeführt, so ist die Strafe Gefängnis nicht unter sechs Monaten.

145. *Verursachen einer Explosion.* 1. Wer vorsätzlich eine Explosion von Gas, Benzin und ähnlichen Stoffen verursacht und dadurch wissentlich Leib und Leben von Menschen oder fremdes Eigentum in Gefahr bringt, wird mit Zuchthaus bestraft.

2. Wer fahrlässig eine Explosion von Gas, Benzin oder ähnlichen Stoffen verursacht und dadurch Leib und Leben von Menschen oder fremdes Eigentum in Gefahr bringt, wird mit Gefängnis oder mit Buße bis zu zehntausend Franken bestraft.

146. *Gefährdung durch Sprengstoffe und Sprengbomben.* 1. Wer durch den verbrecherischen Gebrauch von Sprengstoffen vorsätzlich eine gemeine Gefahr herbeiführt, wird mit Zuchthaus bis zu zehn Jahren bestraft.

2. Gebraucht der Täter Sprengbomben, so ist die Strafe Zuchthaus nicht unter fünf Jahren.

147. *Fahrlässige Gefährdung durch Sprengstoffe und Sprengbomben.* Wer fahrlässig durch Sprengstoffe oder Sprengbomben eine gemeine Gefahr herbeiführt, wird mit Gefängnis nicht unter einem Monat bis zu fünf Jahren bestraft.

148. *Herstellen, Verbergen und Weiterschaffen von Sprengstoffen und Sprengbomben.* 1. Wer Sprengstoffe oder Sprengbomben, die, wie er weiß oder annehmen muß, zu verbrecherischem Gebrauch bestimmt sind, herstellt, wird mit Zuchthaus bis zu fünf Jahren oder mit Gefängnis nicht unter sechs Monaten bestraft.

2. Wer Sprengstoffe oder Stoffe, die zu deren Herstellung geeignet sind, oder Sprengbomben, die, wie er weiß oder annehmen muß, zu verbrecherischem Gebrauche bestimmt sind, sich verschafft, einem andern übergibt, von einem andern übernimmt, aufbewahrt, verbirgt oder weiterschafft, wird mit Gefängnis nicht unter einem Monat oder mit Zuchthaus bis zu drei Jahren bestraft.

3. Wer jemandem, der, wie er weiß oder annehmen muß, einen verbrecherischen Gebrauch von Sprengstoffen oder Sprengbomben plant, zu der Herstellung von Sprengstoffen oder Sprengbomben Anleitung gibt, wird mit Gefängnis oder Zuchthaus bis zu zwei Jahren bestraft.

149. *Verursachen einer Überschwemmung.* 1. Wer vorsätzlich eine Überschwemmung verursacht, die Leib und Leben von Menschen oder fremdes Eigentum in bedeutendem Umfange in Gefahr bringt, wird mit Zuchthaus bestraft.

2. Wer fahrlässig eine Überschwemmung verursacht, die Leib und Leben von Menschen oder fremdes Eigentum in bedeutendem Umfang in Gefahr bringt, wird mit Gefängnis oder mit Buße bis zu zehntausend Franken bestraft.

150. *Beschädigung von elektrischen Anlagen, von Wasserbauten und von Schutzvorrichtungen.*

Wer elektrische Anlagen,

wer Wasserbauten, namentlich Dämme, Wehre, Deiche, Schleusen,

wer Schutzvorrichtungen gegen Naturereignisse, so gegen Bergsturz und Lawinen,

vorsätzlich zerstört oder beschädigt und dadurch wissentlich Leib und Leben von Menschen oder fremdes Eigentum in bedeutendem Umfang in Gefahr bringt, wird mit Zuchthaus oder mit Gefängnis nicht unter drei Monaten bestraft; gefährdet er dadurch fahrlässig Leib und Leben oder fremdes Eigentum in bedeutendem Umfang, so wird er mit Gefängnis oder mit Buße bis zu zehntausend Franken bestraft.

151. *Mißbrauch einer Naturkraft.* 1. Wer durch den Mißbrauch einer Naturkraft, namentlich einer Dampfkraft, Leben oder Gesundheit von Menschen oder fremdes Eigentum wissentlich in Gefahr bringt, wird mit Zuchthaus oder mit Gefängnis nicht unter drei Monaten bestraft.

2. Wer durch den Mißbrauch einer Naturkraft, namentlich einer Dampfkraft, Leben oder Gesundheit von Menschen oder fremdes Eigentum fahrlässig in Gefahr bringt, wird mit Gefängnis oder mit Buße bis zu zehntausend Franken bestraft.

152. *Gefährdung durch Bauen.* Wer einen Bau oder den Abbruch eines Baues aus Fahrlässigkeit so leitet oder ausführt, daß dadurch das Leben von Menschen gefährdet wird, wird mit Gefängnis oder mit Buße bis zu zwanzigtausend Franken bestraft.

Achter Abschnitt.

Verbrechen gegen die öffentliche Gesundheit.

153. *Verbreiten gemeingefährlicher Krankheiten.* 1. Wer wissentlich eine gemeingefährliche ansteckende menschliche Krankheit verbreitet, wird mit Gefängnis nicht unter einem Monat bis zu fünf Jahren bestraft.

2. Wer aus Fahrlässigkeit eine gemeingefährliche ansteckende menschliche Krankheit verbreitet, wird mit Gefängnis oder mit Buße bestraft.

154. *Verbreiten einer Viehseuche.* 1. Wer wissentlich eine Seuche unter Haustieren verbreitet, wird mit Gefängnis bestraft.

2. Wer aus Fahrlässigkeit eine Seuche unter Haustieren verbreitet, wird mit Busse oder mit Gefängnis bestraft.

155. *Verbreiten von Schädlingen.* 1. Wer wissentlich einen für die Land- oder Forstwirtschaft gefährlichen Schädling verbreitet, wird mit Gefängnis bestraft.

2. Wer aus Fahrlässigkeit einen für die Land- oder Forstwirtschaft gefährlichen Schädling verbreitet, wird mit Buße oder mit Gefängnis bestraft.

156. *Verunreinigung des Trinkwassers.* 1. Wer das Trinkwasser für Menschen oder Haustiere wissentlich mit gesundheitsschädlichen Stoffen verunreinigt, wird mit Gefängnis nicht unter einem Monat bestraft; verunreinigt er es wissentlich mit giftigen Stoffen, so ist die Strafe Zuchthaus oder Gefängnis nicht unter drei Monaten.

2. Wer das Trinkwasser für Menschen oder Haustiere aus Fahrlässigkeit mit gesundheitsschädlichen Stoffen verunreinigt, wird mit Gefängnis oder mit Buße bestraft; verunreinigt er es aus Fahrlässigkeit mit giftigen Stoffen, so ist die Strafe Gefängnis.

157. *Herstellen gesundheitsschädlicher Waren für Menschen.* 1. Wer eine Ware wissentlich so herstellt oder behandelt, daß der Genuß oder Gebrauch, für den die Ware bestimmt ist oder zu dem sie voraussichtlich dienen wird, die Gesundheit des Menschen schädigt oder gefährdet, wird mit Gefängnis und Buße bis zu zwanzigtausend Franken bestraft.

Weiß der Täter, daß der Genuß oder der Gebrauch der Ware lebensgefährlich ist,

macht er ein Gewerbe aus dem Herstellen oder Behandeln,

so ist die Strafe Gefängnis nicht unter sechs Monaten oder Zuchthaus bis zu fünf Jahren und Buße bis zu zwanzigtausend Franken.

Das Strafurteil wird veröffentlicht.

2. Wer eine Ware fahrlässig so herstellt oder behandelt, daß der Genuß oder Gebrauch, für den die Ware bestimmt ist oder zu dem sie voraussichtlich dienen wird, die Gesundheit des Menschen schädigt oder gefährdet, wird mit Gefängnis oder mit Buße bis zu zehntausend Franken bestraft. Die beiden Strafen können verbunden werden.

158. *Herstellen von gesundheitsschädlichem Futter für Haustiere.* Wer Futter oder Futtermittel für Haustiere wissentlich so herstellt oder behandelt, daß sie die Gesundheit der Tiere schädigen oder gefährden, wird mit Gefängnis und Buße bestraft.

Weiß der Täter, daß das Futter oder die Futtermittel für die Tiere lebensgefährlich sind,

macht er ein Gewerbe aus dem Herstellen oder Behandeln,

so ist die Strafe Gefängnis nicht unter einem Monat und Buße bis zu zehntausend Franken.

159. 1. *In Verkehr bringen gesundheitsschädlicher Waren.* Wer Waren, deren bestimmungsgemäßer oder vorauszusehender Genuß oder Gebrauch, wie er weiß, geeignet ist, die Gesundheit des Menschen zu schädigen oder zu gefährden, wissentlich feilhält, in Verkehr bringt, einführt, ausführt oder lagert, wird mit Gefängnis oder mit Buße bestraft.

Weiß der Täter, daß die Waren lebensgefährlich sind, so ist die Strafe Gefängnis und Buße.

Das Strafurteil wird veröffentlicht.

2. Wer Waren, deren bestimmungsgemäßer oder vorauszusehender Genuß oder Gebrauch geeignet ist, die Gesundheit des Menschen zu schädigen oder zu gefährden, aus Fahrlässigkeit feilhält, in Verkehr bringt, einführt, ausführt oder lagert, wird mit Buße bestraft.

Neunter Abschnitt.

Verbrechen gegen die Verkehrssicherheit.

160. *Gefährdung der Verkehrssicherheit.* 1. Wer die Sicherheit des öffentlichen Verkehrs, namentlich auf der Straße, oder die Sicherheit der Schiffahrt oder der Luftschiffahrt wissentlich in einer Weise gefährdet, die das Leben von Menschen in Gefahr bringt, wird mit Gefängnis bestraft; gefährdet er wissentlich das Leben vieler Menschen, so ist die Strafe Zuchthaus.

2. Wer die Sicherheit des öffentlichen Verkehrs, namentlich auf der Straße, oder die Sicherheit der Schiffahrt oder der Luftschiffahrt fahrlässig in einer Weise gefährdet, die das Leben von Menschen in Gefahr bringt, wird mit Gefängnis oder Buße bestraft.

161. *Gefährdung von Eisenbahnen.* 1. Wer die Sicherheit von Menschen oder Sachen im Eisenbahnverkehr vorsätzlich gefährdet, namentlich die Gefahr einer Entgleisung oder eines Zusammenstoßes herbeiführt, wird mit Zuchthans oder mit Gefängnis nicht unter sechs Monaten bestraft.

Bringt der Täter dadurch wissentlich viele Menschen in Gefahr, so ist die Strafe Zuchthaus nicht unter drei Jahren.

2. Wer die Sicherheit von Menschen oder Sachen im Eisenbahnverkehr fahrlässig gefährdet, namentlich die Gefahr einer Entgleisung oder eines Zusammenstoßes herbeiführt, wird mit Gefängnis oder mit Buße bestraft.

Bringt der Täter dadurch viele Menschen fahrlässig in Gefahr, so ist die Strafe Gefängnis nicht unter einem Monat.

162. *Gefährdung des Telegraphen- und Telephonverkehrs.* 1. Wer den Telegraphen- oder Telephonverkehr vorsätzlich hindert, stört oder gefährdet, wird mit Gefängnis bestraft.

2. Wer den Telegraphen- oder Telephonverkehr fahrlässig hindert, stört oder gefährdet, wird mit Gefängnis oder mit Buße bestraft.

Zehnter Abschnitt.

Verbrechen gegen den geschäftlichen Verkehr.

163. *Warenfälschung.* Wer eine Ware zur Täuschung im Handel und Verkehr nachmacht, verfälscht oder im Werte verringert, wird mit Gefängnis oder mit Buße bestraft; betreibt er das Nachmachen, Verfälschen oder Verringern von Waren gewerbsmäßig, so ist die Strafe Gefängnis nicht unter einem Monat.

Das Strafurteil wird veröffentlicht.

Die nachgemachten, verfälschten oder verringerten Waren werden eingezogen.

164. *In Verkehr bringen gefälschter Waren.* 1. Wer nachgemachte, verfälschte oder im Werte verringerte Waren wissentlich als echt, unverfälscht oder vollwertig in Verkehr bringt oder feilhält, wird mit Gefängnis oder mit Buße bestraft.

Das Strafurteil wird veröffentlicht.

2. Wer nachgemachte, verfälschte oder im Werte verringerte Waren aus Fahrlässigkeit als echt, unverfälscht oder vollwertig in Verkehr bringt oder feilhält, wird mit Buße bestraft.

3. Die nachgemachten, verfälschten oder verringerten Waren werden eingezogen.

165. *Fälschung amtlicher Warenzeichen.* Wer amtliche Warenzeichen, namentlich Siegel, Stempel, Marken, mit denen Vieh, Holz oder andere Waren versehen werden, nachmacht, nachahmt oder verfälscht, um sie als echt oder unverfälscht zu verwenden, wird mit Gefängnis bestraft.

Wer wissentlich falsche oder verfälschte amtliche Warenzeichen gebraucht,

wer sich der Vorrichtungen, mit denen amtliche Warenzeichen hergestellt werden, bemächtigt, um sie unrechtmäßig zu gebrauchen,

wer diese Vorrichtungen unrechtmäßig gebraucht,

wird mit Gefängnis bestraft.

166. *Fälschung von Geld, Banknoten, Emissionspapieren.* 1. Wer falsches Geld, falsche Banknoten oder falsche Emissionspapiere anfertigt, um sie als echt in Umlauf zu bringen, wird mit Zuchthaus bestraft.

2. Ist die Fälschung für jedermann leicht erkennbar oder fertigt der Täter nur wenige Stücke von geringem Werte an, so ist die Strafe Gefängnis.

3. Mit der Freiheitsstrafe kann Buße verbunden werden.

167. *Falsches Geld, falsche Banknoten oder Emissionspapiere in Umlauf bringen.* Wer wissentlich falsches Geld, falsche Banknoten, falsche Emissionspapiere in Umlauf bringt, wird mit Gefängnis bestraft.

Handelt er im Einverständnis mit dem Fälscher oder einem Teilnehmer an der Fälschung, so ist die Strafe Gefängnis nicht unter einem Monat oder Zuchthaus.

Hat er das Geld als echt eingenommen oder ist die Fälschung für jedermann leicht erkennbar, so wird er mit Buße oder mit Gefängnis bestraft.

168. *Verfälschung von Geld, Banknoten, Emissionspapieren.* Wer Geld, Banknoten oder Emissionspapiere verfälscht, um sie zu einem höhern Werte in Umlauf zu bringen, wird mit Zuchthaus bis zu fünf Jahren oder mit Gefängnis nicht unter sechs Monaten bestraft. Ist die Verfälschung für jedermann leicht erkennbar oder verfälscht der Täter nur wenige Stücke von geringem Wert, so wird er mit Gefängnis bestraft. Mit der Freiheitsstrafe kann Buße verbunden werden.

169. *Verfälschtes Geld, verfälschte Banknoten und Emissionspapiere in Umlauf bringen.* Wer wissentlich verfälschtes Geld, verfälschte Banknoten oder Emissionspapiere in Umlauf bringt, wird mit Gefängnis bestraft.

Bringt er im Einverständnis mit dem Verfälscher oder einem Teilnehmer eine größere Zahl von Stücken in Umlauf, so ist die Strafe Gefängnis nicht unter einem Monat.

Hat er das Geld als unverfälscht eingenommen, so wird er mit Gefängnis oder mit Buße bestraft.

170. *Münzverringerung.* Wer Geldmünzen verringert, um sie als vollwertig in Umlauf zu bringen, so namentlich durch Beschneiden, Abfeilen, Durchlöchern, Aushöhlen, wird mit Gefängnis oder mit Buße bestraft.

Betreibt er das Verringern gewerbsmäßig, so ist die Strafe Gefängnis nicht unter drei Monaten oder Zuchthaus bis zu drei Jahren.

171. *Verringerte Geldmünzen in Umlauf bringen.* Wer wissentlich verringerte Geldmünzen in Umlauf bringt, wird mit Gefängnis bestraft; hat er die verringerten Geldmünzen als vollwertig eingenommen, so wird er mit Buße bestraft.

172. *Einfuhr und Erwerb falschen oder verfälschten Geldes, falscher oder verfälschter Banknoten und Emissionspapiere und verringerter Geldmünzen.* Wer falsches oder verfälschtes Geld, falsche oder verfälschte Banknoten oder Emissionspapiere oder verringerte Geldmünzen einführt oder erwirbt, um sie als echt, unverfälscht oder vollwertig in Umlauf zu setzen, wird mit Gefängnis bestraft; wer sie in Menge einführt oder erwirbt, wird mit Zuchthaus bis zu fünf Jahren bestraft. Mit der Freiheitsstrafe kann Buße verbunden werden.

173. *Anfertigen und Sichverschaffen von Fälschungsgeräten.* Wer Geräte zum Fälschen oder Verfälschen von Geld, Banknoten oder Emissionspapieren, namentlich Formen, Stiche, Platten, Klischees anfertigt oder sich verschafft, wird mit Gefängnis bestraft.

174. *Fälschung amtlicher Wertzeichen.* 1. Wer amtliche Wertzeichen, namentlich Post- oder Stempelmarken, nachmacht oder nachahmt, um sie als echt zu verwenden, wird mit Gefängnis bestraft.

2. Wer sich der Vorrichtungen, womit amtliche Wertzeichen hergestellt werden, bemächtigt, um sie unrechtmäßig zu gebrauchen,

wer diese Vorrichtungen unrechtmäßig gebraucht,

wird mit Gefängnis nicht unter einem Monat bestraft.

3. Wer amtliche Wertzeichen verfälscht, um sie zu einem höhern Werte zu verwenden,

wer entwerteten amtlichen Wertzeichen den Schein gültiger gibt, um sie als solche zu verwenden,

wird mit Gefängnis bestraft.

4. Wer wissentlich falsche, verfälschte, entwertete amtliche Wertzeichen verwendet, wird mit Gefängnis oder mit Buße bestraft.

175. *Fälschung von Maßen, Gewichten, Wagen.* Wer Maße, Gewichte oder Wagen zur Täuschung im Handel und Verkehr fälscht oder verfälscht,

wer falsches oder verfälschtes Maß oder Gewicht oder eine falsche oder verfälschte Wage zur Täuschung im Handel und Verkehr gebraucht,

wird mit Gefängnis nicht unter einem Monat oder mit Zuchthaus bis zu fünf Jahren bestraft.

176. *Urkundenfälschung.* Wer, um jemanden am Vermögen oder an andern Rechten zu schädigen, eine Urkunde fälscht oder verfälscht oder das echte Namenszeichen eines andern zur Herstellung einer unwahren Urkunde benützt und die Urkunde zur Täuschung gebraucht,

wer wissentlich eine falsche oder verfälschte oder unwahre Urkunde zur Täuschung gebraucht,

wird mit Gefängnis oder mit Zuchthaus bis zu fünf Jahren bestraft.

177. *Fälschung öffentlicher Urkunden.* Wer eine öffentliche Urkunde fälscht oder verfälscht oder das echte Namenszeichen eines andern zur Anfertigung einer unwahren öffentlichen Urkunde benützt,

wer wissentlich eine falsche oder verfälschte oder unwahre öffentliche Urkunde zur Täuschung gebraucht,

wird mit Zuchthaus bis zu zehn Jahren bestraft.

178. *Intellektuelle Urkundenfälschung.* Wer einen Beamten oder eine Person öffentlichen Glaubens arglistig dazu veranlaßt, in gutem Glauben Unwahres zu beurkunden oder Falsches zu beglaubigen, namentlich eine falsche Unterschrift oder eine unrichtige Abschrift,

wer die unwahre Urkunde oder die falsche Beglaubigung wissentlich zur Täuschung gebraucht,

wird mit Gefängnis oder mit Zuchthaus bis zu fünf Jahren bestraft.

179. *Unterdrückung von Urkunden.* Wer eine Urkunde vernichtet, beschädigt, beiseiteschafft oder entwendet, um jemanden am Vermögen oder andern Rechten zu schädigen, wird mit Gefängnis oder mit Zuchthaus bis zu fünf Jahren bestraft.

180. *Verbrechen an ausländischem Geld, ausländischen Banknoten, Emissionspapieren, Wert- und Warenzeichen und Urkunden des Auslandes.* Die Bestimmungen der Art. 165—174 und 176—179 finden auch auf Verbrechen an ausländischen Warenzeichen, an ausländischem Geld, an ausländischen Banknoten und Emissionspapieren, an ausländischen Wertzeichen und an ausländischen Urkunden Anwendung.

181. *Einziehung.* Falsches, verfälschtes und verringertes Geld, falsche und verfälschte Banknoten und Emissionspapiere, falsche und verfälschte amtliche Wert- und Warenzeichen, falsche und verfälschte Maße, Gewichte und Wagen, sowie die Fälschungsgeräte werden eingezogen und unbrauchbar gemacht.

182. *Grenzverrückung.* Wer in rechtswidriger Absicht einen Grenzstein oder ein anderes Grenzzeichen beseitigt, verrückt, unkenntlich macht oder falsch setzt, wird mit Gefängnis nicht unter einem Monat oder mit Zuchthaus bis zu fünf Jahren bestraft.

Elfter Abschnitt.

Verbrechen gegen den öffentlichen Frieden.

183. *Schreckung der Bevölkerung.* Wer die Bevölkerung durch gefährliche Drohungen, namentlich durch Drohung mit Mord, Raub oder Brand in Schrecken versetzt, wird mit Gefängnis nicht unter drei Monaten oder mit Zuchthaus bis zu drei Jahren bestraft.

184. *Öffentliche Aufforderung zu Verbrechen.* Wer öffentlich zu einem Verbrechen, das mit Zuchthaus bedroht ist, auffordert, oder, namentlich auch durch Verherrlichung von Verbrechen, aufreizt, oder dazu Anleitung gibt, wird mit Zuchthaus bis zu fünf Jahren oder mit Gefängnis bestraft.

185. *Anerbieten zu Verbrechen.* Wer jemandem anbietet, ein Verbrechen zu begehen, das mit Zuchthaus bedroht ist,

wer ein solches Anerbieten annimmt,

wird mit Gefängnis bestraft.

186. *Zusammenrottung zu Verbrechen.* Wer an einer Zusammenrottung, die zu verbrecherischem Zwecke stattfindet, teilnimmt, wird mit Gefängnis bestraft.

187. *Störung des gottesdienstlichen Friedens.* Wer einen Gottesdienst oder eine gottesdienstliche Handlung absichtlich stört, hindert oder öffentlich beschimpft;

wer einen Ort oder einen Gegenstand, der für den Gottesdienst oder für gottesdienstliche Handlungen bestimmt ist, absichtlich verunehrt,

wird mit Gefängnis oder mit Buße bestraft.

188. *Störung des Totenfriedens.* Wer den Frieden der Ruhestätte eines Toten absichtlich stört oder verunehrt,

wer einen Leichenzug oder eine Leichenfeier absichtlich stört oder beschimpft,

wer eine Leiche öffentlich beschimpft oder absichtlich verunehrt,

wer eine Leiche dem Gewahrsam des Berechtigten entzieht,

wird mit Gefängnis oder mit Buße bestraft.

Zwölfter Abschnitt. Berufsverbrechen.

189. *Unzüchtige Handlungen von Geistlichen.* Wer als Geistlicher bei Ausübung seines Berufes eine unzüchtige Handlung mit einer Person vornimmt, wird mit Gefängnis nicht unter einem Monat oder mit Zuchthaus bis zu fünf Jahren bestraft.

190. *Unzüchtige Handlungen von Ärzten.* Wer an einer Person, die ihm zu ärztlicher Untersuchung oder Behandlung anvertraut ist, gegen ihren Willen eine unzüchtige Handlung vornimmt, wird mit Gefängnis nicht unter einem Monat oder mit Zuchthaus bis zu fünf Jahren bestraft.

191. *Falsches ärztliches Zeugnis.* Wer als Arzt ein unwahres Zeugnis ausstellt, das, wie er weiß, dazu bestimmt ist, einer Behörde vorgelegt zu werden, oder das für Vermögensrechte Bedeutung hat, wird mit Buße oder mit Gefängnis bestraft.

Hat er dafür eine besondere Belohnung angenommen oder sich versprechen lassen, so wird er mit Gefängnis nicht unter einem Monat bestraft.

192. *Verletzung des Berufsgeheimnisses.* Wer als Geistlicher, als Rechtsanwalt, als Verteidiger, als Notar, als Arzt, als Apotheker, als Gehilfe solcher Personen, oder als Hebamme, ein Geheimnis, das ihm zufolge seines Berufes anvertraut worden ist, oder das er in der Ausübung seines Berufes wahrnimmt, ohne Einwilligung des Berechtigten offenbart, wird auf Antrag mit Buße oder mit Gefängnis bestraft. Die beiden Strafen können verbunden werden.

Dreizehnter Abschnitt. Verbrechen gegen den Staat.

193. *Hochverrat.* Wer es versucht, mit Gewalt,

die Verfassung des Bundes oder eines Kantons abzuändern,

die verfassungsmäßigen Staatsbehörden abzusetzen, oder sie außer stand zu setzen, ihre Gewalt auszuüben,

schweizerisches Gebiet von der Eidgenossenschaft abzutrennen,

wird mit Zuchthaus oder mit Gefängnis von einem bis zu fünf Jahren bestraft.

194. *Angriffe auf die Unabhängigkeit der Eidgenossenschaft.* Wer die Einmischung einer fremden Macht in die inneren Angelegenheiten der Eidgenossenschaft herbeizuführen sucht;

wer eine Handlung vornimmt, die darauf gerichtet ist, die Unabhängigkeit der Eidgenossenschaft zu verletzen oder zu gefährden,

wird mit Zuchthaus bestraft.

195. *Diplomatischer Landesverrat.* Wer Geheimnisse, deren Geheimhaltung zum Wohl der Eidgenossenschaft geboten ist, einer fremden Regierung oder deren Agenten verrät,

wer Urkunden oder Beweismittel, die sich auf Rechtsverhältnisse zwischen der Eidgenossenschaft und einem ausländischen Staate beziehen, vernichtet, verfälscht oder beseitigt und damit die Interessen der Eidgenossenschaft wissentlich gefährdet,

der Bevollmächtigte der Eidgenossenschaft, der Unterhandlungen mit einer auswärtigen Regierung absichtlich zum Nachteil der Eidgenossenschaft führt,

wird mit Zuchthaus bestraft.

196. *Militärischer Landesverrat.* Wer die Interessen der Eidgenossenschaft für den Fall eines Krieges oder während eines Krieges wissentlich schädigt oder gefährdet,

wer sich mit der Regierung eines fremden Staates oder mit deren Agenten einläßt, um einen Krieg gegen die Eidgenossenschaft herbeizuführen,

wird mit Zuchthaus nicht unter fünf Jahren bestraft.

Die Kriegsartikel werden vorbehalten.

197. *Verletzung schweizerischen Gebietes.* Wer schweizerisches Gebiet, dem Völkerrecht zuwider, verletzt, wird mit Gefängnis oder mit Buße bestraft.

Vierzehnter Abschnitt.

Verbrechen gegen den Volkswillen.

198. *Hinderung und Störung von Wahlen und Abstimmungen.* Wer eine gesetzlich angeordnete politische Versammlung, namentlich eine Wahl- oder Abstimmungsverhandlung, die Ausübung des Referendums oder der Initiative absichtlich stört oder durch Gewalt oder schwere Drohung hindert, wird mit Gefängnis oder mit Buße bestraft.

199. *Fälschung von Wahlen und Abstimmungen. Eingriffe in das Stimm- und Wahlrecht.* Wer absichtlich ein unrichtiges Ergebnis einer gesetzlichen Wahl oder Abstimmung oder eines Referendums- oder Initiativbegehrens herbeiführt,

wer jemanden an der Ausübung des Stimm- oder Wahlrechts, des Referendums oder der Initiative durch Gewalt oder schwere Drohung hindert oder ihn durch Gewalt oder schwere Drohung nötigt, eines dieser Rechte in einem bestimmten Sinne auszuüben,

wer jemandem Vorteile verspricht oder gibt, damit er in einem bestimmten Sinne stimme, wähle oder einem Referendums- oder Initiativbegehren beitrete oder nicht beitrete,

wer sich solche Vorteile versprechen oder geben läßt,

wer sich durch rechtswidrige Veranstaltungen Kenntnis davon verschafft, wie einzelne Berechtigte gestimmt oder gewählt haben,

wird mit Gefängnis, womit Buße verbunden werden kann, bestraft.

Handelt der Täter in amtlicher Eigenschaft, so ist die Strafe Gefängnis nicht unter drei Monaten, womit Buße bis zu zehntausend Franken verbunden werden kann.

Einstellung in der bürgerlichen Ehrenfähigkeit ist in jedem Falle statthaft.

Fünfzehnter Abschnitt.

Verbrechen gegen die Staatsgewalt.

200. *Tätlicher Widerstand gegen Beamte.* 1. Wer einen Beamten durch Gewalt oder Drohung an einer rechtmäßigen Amtshandlung hindert, zu einer Amtshandlung nötigt oder während einer Amtshandlung tätlich angreift, wird mit Gefängnis bestraft.

2. Wird das Verbrechen von einem zusammengerotteten Haufen vereint begangen, so wird jeder, der an der Zusammenrottung vorsätzlich teilnimmt, mit Gefängnis nicht unter einem Monat bestraft.

Der Teilnehmer, der Gewalt an Personen oder Sachen verübt oder damit droht, wird mit Zuchthaus bis zu fünf Jahren oder mit Gefängnis nicht unter drei Monaten bestraft.

3. Wer öffentlich zu diesem Verbrechen auffordert, wird mit Gefängnis bestraft.

201. *Hinderung und Störung einer Amtshandlung.* Wer einen Beamten an einer rechtmäßigen Amtshandlung hindert oder stört, wird mit Gefängnis bis zu einem Monat oder mit Buße bestraft.

202. *Ungehorsam gegen amtliche Verfügungen.* Wer einer Verfügung nicht Folge leistet, die eine Behörde oder ein Beamter, innerhalb der Grenzen der Zuständigkeit, unter Hinweis auf die Strafdrohung dieser Bestimmung für den Fall des Ungehorsams gegen ihn erlassen hat, wird mit Gefängnis bis zu sechs Monaten oder mit Buße bestraft.

203. *Amtsanmaſsung.* Wer sich in rechtswidriger Absicht die Ausübung eines Amtes anmaßt, wird mit Gefängnis oder mit Buße bestraft.

204. *Bestechen.* Wer einem Beamten, Schiedsrichter, Geschworenen oder Gerichtsbeisitzer Geschenke oder andere Vorteile anbietet, verspricht oder gibt, damit er seine Amtspflicht verletze, wird mit Gefängnis bestraft, womit Buße verbunden werden kann.

205. *Hinderung und Störung des Militärdienstes.* Wer eine Militärperson absichtlich an der Ausübung des Dienstes hindert oder stört, wird mit Gefängnis oder mit Buße bestraft.

206. *Aufreizung und Verleitung zur Verletzung der militärischen Dienstpflicht.* 1. Wer öffentlich zur Verletzung der militärischen Dienstpflicht aufreizt, wird mit Gefängnis bestraft.

2. Wer einen Militärpflichtigen zu einer erheblichen Verletzung seiner Dienstpflicht verleitet, wird mit Gefängnis oder mit Buße bestraft.

207. *Bruch amtlicher Beschlagnahme.* Wer eine Sache, die amtlich mit Beschlag belegt ist, der amtlichen Gewalt entzieht, wird mit Gefängnis oder mit Buße bestraft.

208. *Siegelbruch.* Wer das Siegel, mit dem eine Sache amtlich verschlossen ist, erbricht, entfernt oder den Verschluß unwirksam macht, wird mit Gefängnis oder mit Buße bestraft.

209. *Verweisungsbruch.* Wer das Gebiet der Eidgenossenschaft betritt, trotzdem er durch gerichtliches Urteil oder durch Verfügung des Bundesrates des Landes verwiesen worden ist,

wer das Gebiet eines Kantons betritt, trotzdem er durch Verfügung der kantonalen Behörde aus dem Kanton verwiesen worden ist,

wird mit Gefängnis bestraft.

Sechzehnter Abschnitt.

Verbrechen gegen die Strafverfolgung und den Strafvollzug.

210. *Falsche Anschuldigung.* Wer einen Nichtschuldigen wider besseres Wissen einer strafbaren Tat bei der Behörde beschuldigt oder arglistig ein Strafverfahren gegen einen Nichtschuldigen herbeiführt, wird mit Gefängnis oder mit Zuchthaus bis zu fünf Jahren bestraft. Mit der Gefängnisstrafe wird Einstellung in der bürgerlichen Ehrenfähigkeit verbunden.

211. *Verletzung der Anzeigepflicht.* Wer den Täter eines mit Zuchthaus bedrohten Verbrechens, den er kennt, nicht anzeigt, obwohl er weiß, daß ein Nichtschuldiger wegen dieses Verbrechens gerichtlich verfolgt wird oder verurteilt worden ist, wird mit Gefängnis oder mit Buße bestraft.

Das Berufsgeheimnis bleibt vorbehalten.

Steht die Person, die die Anzeige unterläßt, dem Schuldigen so nahe, daß ihr Verhalten entschuldbar ist, so bleibt sie straflos.

212. *Begünstigung von Beschuldigten und Verurteilten.* Wer jemanden absichtlich der Strafverfolgung, dem Strafvollzuge oder dem Vollzuge einer sichernden Maßnahme entzieht, wird mit Gefängnis oder mit Buße bestraft.

Steht der Täter in so nahen Beziehungen zu dem Begünstigten, daß sein Verhalten entschuldbar ist, so ist er nicht strafbar.

213. *Befreiung von Gefangenen.* 1. Wer einen Gefangenen oder Verhafteten durch Gewalt, Drohung oder List befreit oder ihm zu seiner Befreiung oder Entweichung Hülfe leistet, wird mit Gefängnis bestraft.

2. Befreit ein zusammengerotteter Haufen vereint einen Gefangenen oder Verhafteten durch Gewalt oder Drohung, so wird jeder Teilnehmer an der Zusammenrottung mit Gefängnis nicht unter einem Monat bestraft.

Der Teilnehmer, der Gewalt an Personen oder Sachen verübt oder damit droht, wird mit Zuchthaus bis zu fünf Jahren oder mit Gefängnis nicht unter sechs Monaten bestraft.

214. *Meuterei.* Gefangene, die sich zusammenrotten und vereint ihre Wächter angreifen oder ihnen tätlichen Widerstand leisten oder gewaltsam ausbrechen, werden mit Zuchthaus bis zu fünf Jahren bestraft.

Siebzehnter Abschnitt.

Verbrechen gegen den gerichtlichen Beweis.

215. *Falsche Beweisaussage der Partei.* Wer in einem Rechtsstreite als Partei wissentlich eine falsche Beweisaussage zur Sache abgibt, wird mit Gefängnis oder mit Zuchthaus bis zu drei Jahren bestraft.

Berichtigt die Partei ihre falsche Beweisaussage, bevor eine Strafanzeige gegen sie eingereicht ist und bevor der Richter geurteilt hat, so kann der Richter die Strafe nach freiem Ermessen mildern oder erlassen.

216. *Falsches Zeugnis, falscher Befund, falsches Gutachten, falsche Übersetzung.* Wer in einem gerichtlichen Verfahren

als Zeuge zur Sache wissentlich falsch aussagt,

als Sachverständiger wissentlich einen falschen Befund oder ein falsches Gutachten abgibt,

als Übersetzer wissentlich falsch übersetzt,

wird mit Gefängnis nicht unter drei Monaten oder mit Zuchthaus bis zu fünf Jahren bestraft.

Beschuldigt ein Zeuge durch sein Zeugnis den Angeklagten wider besseres Wissen eines Verbrechens, das dieser nicht begangen hat, so wird er mit Zuchthaus bis zu zehn Jahren oder mit Gefängnis nicht unter sechs Monaten bestraft.

Berichtigt der Zeuge sein falsches Zeugnis, der Sachverständige seinen falschen Befund oder sein falsches Gutachten, der Übersetzer seine falsche Übersetzung, bevor eine Strafanzeige gegen ihn eingereicht ist und bevor der Richter geurteilt hat, so kann der Richter die Strafe nach freiem Ermessen mildern oder erlassen.

Sagt der Zeuge falsch aus, um sich oder eine Person, die ihm nahesteht, vor Strafe oder Schande zu bewahren, so kann der Richter die Strafe nach freiem Ermessen mildern, sofern der Zeuge nicht durch sein Zeugnis wissentlich einen Nichtschuldigen des Verbrechens beschuldigt.

217. *Verleitung zu unwissentlichem falschem Zeugnis, Befund, Gutachten oder zu falscher Übersetzung.* Wer einen Zeugen, einen Sachverständigen oder einen Übersetzer arglistig veranlaßt, in einem gerichtlichen Verfahren gutgläubig ein falsches Zeugnis, einen falschen Befund, ein falsches Gutachten oder eine falsche Übersetzung abzugeben, wird mit Gefängnis nicht unter drei Monaten oder mit Zuchthaus bis zu fünf Jahren bestraft.

218. *Fälschung und Unterdrückung von Beweismitteln.* 1. Wer in einem gerichtlichen Verfahren, um auf das Urteil des Richters einzuwirken oder um es zu hindern,

eine Schrift oder einen Gegenstand, die als Beweismittel dienen sollen, fälscht oder verfälscht,

wissentlich ein falsches, verfälschtes oder unechtes Beweismittel benützt,

eine Schrift oder einen Gegenstand, die als Beweismittel dienen sollen, unterdrückt oder verbirgt,

wird mit Gefängnis nicht unter einem Monat oder mit Zuchthaus bis zu drei Jahren bestraft.

2. Will der Täter sich oder einem andern zum Rechte verhelfen, so ist die Strafe Gefängnis.

3. Begeht der Angeklagte die Tat, um sich zu verteidigen, so wird er mit Gefängnis oder mit Buße bestraft.

4. Will der Täter die Bestrafung eines Nichtschuldigen herbeiführen, so wird er mit Zuchthaus bestraft.

219. *Verwaltungssachen.* Das Verfahren in Verwaltungssachen wird dem gerichtlichen Verfahren gleichgestellt.

Achtzehnter Abschnitt.

Verbrechen gegen befreundete Staaten.

220. *Beschimpfung des Volkes, des Oberhauptes, der Regierung, des Gesandten.* Wer ein befreundetes Volk, sein Oberhaupt, seine Regierung, seinen Gesandten durch Wort oder Tat beschimpft, wird auf Antrag der Regierung dieses Volkes mit Gefängnis oder mit Buße bestraft.

221. *Tätliche Angriffe auf öffentliche Zeichen.* Wer öffentliche Zeichen eines befreundeten Staates, namentlich sein Wappen oder seine Fahne böswillig wegnimmt oder beschädigt oder beschimpfende Handlungen daran verübt, wird auf Antrag der Regierung dieses Staates mit Gefängnis oder mit Buße bestraft.

222. *Verletzung fremden Gebietes.* Wer das Gebiet eines befreundeten Staates, dem Völkerrecht zuwider, verletzt, wird mit Gefängnis oder mit Buße bestraft.

Neunzehnter Abschnitt. Amtsverbrechen.

223. *Verletzung des Amtsgeheimnisses.* Verletzt ein Beamter das Amtsgeheimnis, so wird er mit Gefängnis oder mit Buße bestraft.

224. *Amtsverweigerung.* Weigert sich ein Beamter ohne stichhaltigen Grund eine Amtshandlung vorzunehmen, so wird er mit Gefängnis oder mit Buße bestraft.

225. *Amtsmißbrauch.* Mißbraucht ein Beamter seine Amtsgewalt, so wird er mit Gefängnis nicht unter einem Monat oder mit Zuchthaus bis zu fünf Jahren bestraft.

Er wird des Amtes entsetzt.

226. *Amtsausbeutung.* Wer als Beamter für eine Leistung Geld oder andere Vorteile verlangt oder annimmt, auf die er keinen Anspruch hat, oder beim Bezuge von Taxen, Gebühren oder Vergütungen den gesetzlichen Tarif überschreitet,

wer die öffentlichen Interessen, die er bei einem Rechtsgeschäfte als Beamter wahren soll, wissentlich zu seinem oder eines andern Vorteil verletzt,

wird mit Gefängnis oder mit Buße bestraft. Die beiden Strafen können verbunden werden.

Der Schuldige wird des Amtes entsetzt.

227. *Sich bestechen lassen.* 1. Wer als Beamter einen Vorteil, namentlich ein Geschenk annimmt oder sich versprechen läßt, der ihn, wie er weiß, bestimmen soll, seine Amtspflicht zu verletzen, wird mit Gefängnis bestraft. Hat er infolgedessen seine Amtspflicht verletzt, so wird er mit Gefängnis von einem Monat bis zu fünf Jahren bestraft.

2. Wer als Richter, Schiedsrichter, Geschworner oder Gerichtsbeisitzer ein Geschenk oder einen Vorteil annimmt oder sich versprechen läßt, wird mit Gefängnis bestraft; soll ihn der Vorteil, wie er weiß, bestimmen, in einer Sache parteiisch zu urteilen, so ist die Strafe Gefängnis von drei Monaten bis zu fünf Jahren; hat er sich infolgedessen einer Parteilichkeit schuldig gemacht, so wird er mit Zuchthaus bis zu fünf Jahren bestraft. Mit der Freiheitsstrafe kann Buße bis zu zehntausend Franken verbunden werden.

3. Der Schuldige wird seines Amtes entsetzt.

4. Das Geschenk, das der Schuldige empfangen hat, oder dessen Wert verfällt der Staatskasse.

228. *Falsche Beurkundung.* Wer als Beamter oder als Person öffentlichen Glaubens wissentlich Unwahres beurkundet oder Falsches beglaubigt, namentlich eine falsche Unterschrift oder eine unrichtige Abschrift, wird mit Gefängnis nicht unter einem Monat bestraft. Hat er dafür eine besondere Belohnung angenommen oder sich versprechen lassen, so ist die Strafe Zuchthaus bis zu fünf Jahren.

Der Beamte wird des Amtes entsetzt; einem Notar wird die Ausübung seines Berufes für bestimmte Zeit untersagt.

229. *Verbrechen von Postbeamten.* Der Postbeamte, der das Postgeheimnis wissentlich verletzt, namentlich eine verschlossene Postsendung öffnet, ihrem Inhalt nachforscht, jemandem verrät, daß eine Person mit einer anderen durch die Post verkehrt,

eine Postsendung vernichtet, beiseite schafft oder dem Adressaten vorenthält,

eine solche Handlung eines andern duldet,

wird mit Gefängnis bestraft. In geringfügigen Fällen kann auf Buße bis zu tausend Franken erkannt werden.

Die Strafen der Unterschlagung und der Eigentumsschädigung werden vorbehalten.

230. *Verbrechen von Telegraphen- und Telephonbeamten.* Der Telegraphen- oder Telephonbeamte,

der das Telegraphen- oder Telephongeheimnis wissentlich verletzt,

ein Telegramm oder Phonogramm fälscht, verfälscht oder unterdrückt,

wird mit Gefängnis bestraft. In geringfügigen Fällen kann auf Buße bis zu tausend Franken erkannt werden.

231. *Entweichenlassen von Gefangenen.* Der Beamte, der einem Gefangenen, den er überwachen soll, zur Flucht verhilft oder einen Gefangenen absichtlich entweichen läßt, wird mit Gefängnis oder mit Zuchthaus bis zu drei Jahren bestraft.

232. *Verletzung oder Vernachlässigung der Amtspflicht.* Wer die Pflichten seines Amtes grob vernachlässigt oder verletzt, wird mit Gefängnis oder mit Buße bestraft.

Zweites Buch:

Von den Übertretungen.

Allgemeiner Teil.

233. *Anwendung des allgemeinen Teils über Verbrechen.* Was für Verbrechen allgemein bestimmt ist, gilt auch für Übertretungen, mit folgenden Abänderungen.

234. *Kinder.* Begeht ein Kind unter vierzehn Jahren eine als Übertretung bedrohte Tat, so überweist es die Strafverfolgungsbehörde der Schulbehörde. Die Schulbehörde wendet Verweis oder Schularrest gegen das Kind an, wenn sie es fehlbar befindet.

Ist das Kind verwahrlost, sittlich verdorben oder sittlich gefährdet oder bedarf es einer besonderen Behandlung (Art. 10, 2 und 3), so veranlaßt die Schulbehörde die Versorgung des Kindes.

235. *Jugendliche.* Ist ein Jugendlicher, der eine als Übertretung bedrohte Tat begeht, weder verwahrlost noch sittlich verdorben und bedarf er keiner besonderen Behandlung (Art. 11, 1–4), so erteilt ihm der Richter, wenn er ihn schuldig findet, einen Verweis oder er bestraft ihn mit abgesonderter Einschließung von einem Tage bis zu acht Tagen (Art. 11, 5).

236. *Übertretungen im Auslande.* Wer eine Übertretung im Ausland begeht, ist in der Schweiz nicht strafbar.

237. *Versuch.* Der Versuch einer Übertretung wird nicht bestraft.

238. *Haft.* Die kürzeste Dauer der Haft ist drei Tage, die längste Dauer drei Monate.

Der Verurteilte wird in Einzelhaft gehalten und angemessen beschäftigt.

239. *Buße.* Der geringste Betrag der Buße ist ein Franken; bestimmt es das Gesetz nicht ausdrücklich anders, so ist der höchste Betrag der Buße fünfhundert Franken.

240. *Nebenstrafen und sichernde Maßnahmen.* Die Bestimmungen über die Verwahrung von Gewohnheitsverbrechern (Art. 31), Einstellung in der bürgerlichen Ehrenfähigkeit (Art. 40), Amtsentsetzung (Art. 41), Landesverweisung (Art. 44), Friedensbürgschaft (Art. 46) gelten nicht für Übertretungen.

Die Erziehung Liederlicher und Arbeitsscheuer zur Arbeit (Art. 32) und die Behandlung von Gewohnheitstrinkern (Art. 33), das Wirtshausverbot (Art. 45), das Verbot, einen Beruf, ein Gewerbe, ein Handelsgeschäft auszuüben (Art. 43), die Entziehung der elterlichen und vormundschaftlichen Gewalt (Art. 42) und die öffentliche Bekanntmachung des Urteils (Art. 48) sind nur in den Fällen, die das Gesetz bestimmt, zulässig.

241. *Verjährung.* Eine Übertretung verjährt in einem Jahre, die Strafe einer Übertretung in zwei Jahren.

Besonderer Teil.

Gegen Leib und Leben.

242. *Zum Zweikampf Platz geben.* 1. Wer gegen Entgelt oder aus geschäftlichem Interesse zu einem Zweikampf Platz gibt, wird mit Buße bestraft.

2. Wer gewerbsmäßig zu Zweikämpfen Platz gibt, wird mit Haft und Buße bestraft.

3. Der Richter kann einem Wirte die Ausübung des Wirtschaftsgewerbes untersagen.

243. *Unterlassung der Nothilfe.* Wer es unterläßt, einem Menschen in Lebensgefahr zu helfen, obwohl er es ohne eigene Lebensgefahr tun kann,

wer der Aufforderung eines Polizeibeamten, ihm zur Nothilfe Beistand zu leisten, ohne genügenden Grund nicht nachkommt,

wer andere von solcher Hilfeleistung abhält oder sie daran stört, wird mit Buße oder mit Haft bestraft.

244. *Tätlichkeiten.* Wer gegen jemanden Tätlichkeiten begeht, die keine Schädigung des Körpers oder der Gesundheit zur Folge haben, wird auf Antrag mit Buße oder mit Haft bestraft.

245. *Verabreichen geistiger Getränke an Kinder.* Wer einem Kinde unter sechzehn Jahren geistige Getränke von einer Art oder in einem Maße verabreicht, die, wie er weiß oder wissen soll, die Gesundheit des Kindes schädigen oder gefährden, wird mit Haft bestraft.

Macht sich ein Wirt vor Ablauf eines Jahres nach dem Vollzug der Strafe nochmals dieser Übertretung schuldig, so kann ihm der Richter die Ausübung des Wirtschaftsgewerbes untersagen.

Gegen das Vermögen.

246. *Entwendung.* Wer jemandem eine fremde Sache von geringem Werte aus Not, Leichtsinn oder zur Befriedigung eines Gelüstes wegnimmt, wird auf Antrag mit Buße oder mit Haft bis zu acht Tagen bestraft.

247. *Geringfügige Unterschlagung.* Die geringfügige Unterschlagung und Fundunterschlagung wird auf Antrag mit Buße oder mit Haft bis zu acht Tagen bestraft.

248. *Geringfügige Eigentumsschädigung.* Die geringfügige Eigentumsschädigung wird auf Antrag mit Buße oder mit Haft bis zu acht Tagen bestraft.

249. *Boshafte Vermögensschädigung.* Wer jemanden aus Bosheit durch fälschliches Vorspiegeln oder durch Unterdrücken von Tatsachen irreführt und dadurch arglistig zu einem Verhalten bestimmt, durch das der Irregeführte sich oder einen andern am Vermögen schädigt, wird mit Haft oder mit Buße bestraft.

250. *Eigenmacht des Gläubigers.* Wer seinem Schuldner eine Sache eigenmächtig wegnimmt oder vorenthält, um sich für seine Forderung bezahlt zu machen oder Sicherheit zu verschaffen, wird auf Antrag mit Buße bestraft.

251. *Erschleichung einer Leistung.* Wer sich eine Leistung, die, wie er weiß, nur gegen bar geleistet wird, arglistig ohne zu zahlen erschleicht oder verschafft, namentlich

die Fahrt auf einer Eisenbahn, Straßenbahn, einem Dampfschiff,

den Zutritt zu einer öffentlichen Aufführung, Ausstellung oder Veranstaltung,

eine Leistung, die ein Automat vermittelt,

wird auf Antrag mit Haft oder mit Buße bestraft.

Die Strafe des Betrugs bleibt vorbehalten.

252. *Zechprellerei.* Wer sich in einer Wirtschaft oder einer Pension Speisen oder Getränke in der Absicht vorsetzen läßt, den Wirt um die Zeche zu prellen, wird auf Antrag mit Haft oder mit Buße bestraft.

253. *Falsche Nachrichten über die Vermögenslage einer Aktiengesellschaft.* Mitglieder der Direktion oder der Verwaltungs- und Aufsichtsbehörden einer Aktiengesellschaft, die über die Vermögenslage der Gesellschaft falsche Nachrichten veröffentlichen oder verbreiten, werden mit Haft oder mit Buße bis zu zehntausend Franken bestraft. Die beiden Strafen können verbunden werden.

254. *Halten von Spielbanken und Lotterien.* Wer eine Spielbank hält,

wer ohne Bewilligung der zuständigen Behörde eine Lotterie veranstaltet, Lotteriegeschäfte betreibt oder ein anderes Glücksspiel hält,

wird mit Buße bis zu zehntausend Franken oder mit Haft bestraft. Die beiden Strafen können verbunden werden.

Wer wissentlich zu einer Spielbank oder zu einem Glücksspiel, das ohne Bewilligung der Behörde betrieben wird, Platz gibt, wird mit Buße bis zu fünftausend Franken bestraft.

Der Einsatz und die Spielgeräte werden eingezogen.

255. *Ungehorsam des Schuldners im Betreibungs- und Konkursverfahren.* Mit Buße oder mit Haft bis zu vierzehn Tagen wird bestraft:

1. Der Schuldner, der einer Pfändung, die ihm gesetzlich angekündet worden war, weder selbst beiwohnt, noch sich dabei vertreten läßt (SchKG., Art. 91).

2. Der Schuldner, der seine Vermögensgegenstände, befinden sie sich in seinem Gewahrsam oder nicht, sowie seine Forderungen und Rechte gegenüber Dritten nicht so weit angibt, als dies zu einer genügenden Pfändung nötig ist (SchKG., Art. 91).

3. Der Schuldner, der der Aufnahme eines Güterverzeichnisses, die ihm gesetzlich angekündet worden war, weder selbst beiwohnt, noch sich dabei vertreten läßt (SchKG., Art. 163).

4. Der Schuldner, der seine Vermögensgegenstände, befinden sie sich in seinem Gewahrsam oder nicht, sowie seine Forderungen und Rechte gegenüber Dritten bei Aufnahme eines Güterverzeichnisses nicht vollständig angibt (SchKG., Art. 163).

5. Der Schuldner, der seine Vermögensgegenstände, befinden sie sich in seinem Gewahrsam oder nicht, sowie seine Forderungen und Rechte gegenüber Dritten dem Beamten, der den Arrest vollzieht, nicht so weit angibt, als dies zu einem genügenden Arrestvollzug nötig ist (SchKG., Art. 275).

6. Der Gemeinschuldner, der dem Konkursbeamten nicht alle seine Vermögensstücke angibt und zur Verfügung stellt.

Die erwachsene Person, die die Vermögensstücke eines gestorbenen oder flüchtigen Gemeinschuldners, mit dem sie in demselben Haushalte gelebt hat, dem Konkursbeamten, der sie auf diese Pflicht aufmerksam gemacht hat, nicht angibt oder zur Verfügung stellt (SchKG., Art. 222).

7. Der Gemeinschuldner, der während des Konkursverfahrens nicht zur Verfügung der Konkursverwaltung steht, wenn er dieser Pflicht nicht durch besondere Erlaubnis enthoben wurde (SchKG., Art. 229).

256. *Ungehorsam dritter Personen im Betreibungs- und Konkursverfahren.* Mit Buße wird bestraft:

1. Wer innerhalb der Eingabefrist sich nicht als Schuldner des Gemeinschuldners anmeldet, obwohl ihn das Konkursamt dazu aufgefordert hat (SchKG., Art. 232, Abs. 2, Z. 3).

2. Wer Sachen des Gemeinschuldners als Pfandgläubiger oder aus anderen Gründen besitzt und sie dem Konkursamt in der Eingabefrist nicht zur Verfügung stellt, obwohl ihn das Konkursamt dazu aufgefordert hat (SchKG., Art. 232, Abs. 2, Z. 4).

257. *Geschäftsbücher nicht ordnungsmäßig führen und aufbewahren.* Wer der gesetzlichen Pflicht, Geschäftsbücher ordnungsmäßig zu führen (OR., Art. 877), nicht nachkommt,

wer der gesetzlichen Pflicht, Geschäftsbücher, Geschäftsbriefe und Geschäftstelegramme aufzubewahren (OR., Art. 878), nicht nachkommt,

wird mit Haft oder mit Buße bis zu tausend Franken bestraft.

Gegen die Ehre.

258. *Geringfügige Beschimpfung.* Die geringfügige Beschimpfung wird auf Antrag mit Buße bestraft. Hat der Beschimpfte durch sein ungebührliches oder strafbares Verhalten dazu unmittelbar Anlaß gegeben, so kann der Täter von Strafe befreit werden.

Gegen die Freiheit.

259. *Veröffentlichung schriftlicher Mitteilungen.* Wer eine schriftliche Mitteilung veröffentlicht, die, wie er weiß, nicht für die Öffentlichkeit bestimmt ist, wird auf Antrag mit Haft oder mit Buße bestraft.

Gegen die Sittlichkeit.

260. *Unzüchtige Verfolgung einer Frau.* Wer eine Frau, die ihm keinen Anlaß dazu gegeben hat, öffentlich in unzüchtiger Absicht verfolgt, wird auf Antrag mit Haft oder mit Buße bestraft.

261. *Belästigung durch unzüchtige Zumutungen und gewerbsmäßige Unzucht.* 1. Wer jemanden öffentlich durch unzüchtige Zumutungen oder Anträge belästigt, wird auf Antrag mit Haft oder mit Buße bestraft.

2. Eine Frau, die die Mitbewohner eines Hauses oder die Nachbarschaft durch gewerbsmäßige Unzucht belästigt, wird mit Haft oder mit Buße bestraft.

3. Macht sich eine Unmündige dieser Übertretungen schuldig, so zieht der Richter Berichte über ihre Erziehung ein und läßt ihren Gesundheitszustand durch einen Arzt feststellen. Er ersucht die Vormundschaftsbehörde, die geeigneten Maßnahmen zu treffen. Der Richter kann die Unmündige auf Antrag der Vormundschaftsbehörde in eine Arbeitserziehungsanstalt einweisen oder sie im Einverständnis mit der Vormundschaftsbehörde einem Vereine zur Erziehung gefallener Mädchen anvertrauen.

262. *Dulden gewerbsmäßiger Kuppelei in den Mietsräumen.* Der Vermieter, der die Ausübung des kupplerischen Gewerbes wissentlich in seinen Mietsräumen duldet, wird mit Buße bis zu zehntausend Franken oder mit Haft bestraft. Die beiden Strafen können verbunden werden.

263. *Veröffentlichung von Gelegenheiten zur Unzucht.* Wer auf eine Gelegenheit zur Unzucht mit Absicht öffentlich aufmerksam macht oder eine solche Anzeige wissentlich veröffentlicht oder verbreitet, wird mit Buße bis zu fünftausend Franken oder mit Haft bestraft.

Gegen die Familie.

264. *Vernachlässigung der Familie.* Wer der Pflicht, für den Unterhalt seiner Familie zu sorgen, aus Arbeitsscheu oder Liederlichkeit nicht nachkommt,

wer die Vermögensleistungen, zu denen er als Vater eines unehelichen Kindes gerichtlich verurteilt worden ist, aus Arbeitsscheu oder Liederlichkeit nicht erfüllt,

wird mit Haft bestraft.

Der Richter kann den Arbeitsscheuen oder Liederlichen anstatt der Strafe in eine Arbeitserziehungsanstalt oder in eine Trinkerheilanstalt einweisen.

Gemeingefährliche Übertretungen.

265. *Nachlässige Beaufsichtigung von Geisteskranken.* Wer die Aufsicht über einen gefährlichen Geisteskranken pflichtwidrig vernachlässigt, wird mit Haft oder mit Buße bestraft.

266. *Halten wilder Tiere.* Wer ohne polizeiliche Bewilligung gefährliche wilde Tiere hält,

wer ein wildes oder bösartiges Tier nicht gehörig verwahrt oder die Vorsichtsmaßregeln, zu denen er nach den Umständen verpflichtet ist, nicht beobachtet,

wird mit Buße oder mit Haft bestraft.

Der Richter läßt ein gemeingefährliches Tier töten.

267. *Gefährdung durch Tiere.* Wer durch absichtliches Reizen oder Scheumachen von Tieren eine Gefahr für Menschen oder Sachen herbeiführt,

wer einen Hund auf Menschen oder Tiere hetzt,

wer einen Hund, der unter seiner Aufsicht steht, von Angriffen auf Menschen oder Tiere nicht abhält,

wird mit Buße oder mit Haft bis zu vierzehn Tagen bestraft.

Gegen die öffentliche Gesundheit.

268. *Inverkehrbringen verdorbener Lebensmittel und unreifen Eßobstes.* Wer wissentlich oder aus Fahrlässigkeit verdorbene Lebensmittel oder unreifes Eßobst feilhält oder in Verkehr bringt, wird mit Buße bestraft.

Die verdorbenen Lebensmittel und das unreife Obst werden eingezogen.

Der Richter kann die Veröffentlichung des Strafurteils anordnen.

Gegen den geschäftlichen Verkehr.

269. *Einführen, Ausführen, Lagern gefälschter Waren.* Wer nachgemachte oder verfälschte Waren, die, wie er weiß, zur Täuschung im Handel und Verkehr dienen sollen, einführt, ausführt oder lagert, wird mit Haft oder mit Buße bestraft.

Die nachgemachten oder verfälschten Waren werden eingezogen.

270. *Verrufenes Geld einführen und erwerben.* Wer verrufenes Geld einführt oder erwirbt, um es in Umlauf zu bringen,

wer wissentlich verrufenes Geld in Umlauf bringt,

wird mit Buße bis zu fünftausend Franken oder mit Haft bestraft.

Das Geld wird eingezogen.

271. *Einführen und Erwerben von Silbermünzen und Scheidemünzen.* Wer Silberkurantmünzen oder Scheidemünzen, die in der Schweiz keinen gesetzlichen Kurs haben, in gewinnsüchtiger Absicht einführt oder erwirbt, um sie in Umlauf zu bringen,

wer Silberkurantmünzen oder Scheidemünzen, die in der Schweiz keinen gesetzlichen Kurs haben, in Menge in Umlauf bringt,

wird mit Buße bis zu fünftausend Franken oder mit Haft bestraft.

272. *Einführen und Erwerben von Goldmünzen.* Wer Goldmünzen fremder Währung in größerer Zahl einführt oder erwirbt, um sie zu einem höhern Werte als dem der gesetzlichen Parität in Umlauf zu bringen,

wer Goldmünzen fremder Währung wissentlich in größerer Zahl zu einem höhern Werte als dem der gesetzlichen Parität in Umlauf bringt,

wird mit Buße bis zu fünftausend Franken oder mit Haft bestraft.

273. *Nachmachen und Nachahmen von Geld, Banknoten und amtlichen Wertzeichen zum Spiel oder Scherz.* Wer zum Spiel oder Scherz, zur Reklame oder zu ähnlichen Zwecken Geld, Banknoten oder amtliche Wertzeichen so nachmacht oder nachahmt, daß eine Verwechslung mit echtem Gelde, mit echten Banknoten oder mit echten amtlichen Wertzeichen möglich ist,

wer solche Gegenstände feilhält oder in Verkehr bringt,

wird mit Buße bestraft.

Die nachgemachten oder nachgeahmten Gegenstände werden eingezogen.

274. *Geringfügige Urkundenfälschung.* Die geringfügige Urkundenfälschung wird mit Haft oder mit Buße bestraft.

275. *Urkundenfälschung ohne schädigende Absicht.* 1. Wer, um sich oder einem andern das Fortkommen zu erleichtern, Ausweisschriften, Zeugnisse, Bescheinigungen fälscht oder verfälscht oder eine solche Schrift wissentlich gebraucht, oder echte Ausweisschriften, Zeugnisse, Bescheinigungen zum Zwecke der Täuschung mißbraucht, wird mit Haft oder mit Buße bestraft.

2. Wer solche Urkunden, namentlich Ausweisschriften oder Bettelzeugnisse gewerbsmäßig anfertigt oder damit Handel treibt, wird mit Haft nicht unter einem Monat bestraft. Ist der Täter arbeitsscheu oder liederlich, so kann ihn der Richter in eine Arbeitserziehungsanstalt einweisen.

Gegen den öffentlichen Frieden.

276. *Störung der öffentlichen Ruhe.* Wer die öffentliche Ruhe durch Lärm oder Geschrei stört, wird mit Haft oder mit Buße bestraft.

277. *Beunruhigung der Bevölkerung.* Wer die Bevölkerung oder eine Menschenmenge absichtlich ohne Grund ängstigt oder erschreckt, so namentlich durch falschen Feuerruf, wird mit Haft oder mit Buße bestraft.

Gegen die gesellschaftliche Ordnung.

278. *Öffentliche Trunkenheit.* Wer durch Betrunkenheit öffentliches Ärgernis erregt, wird mit Buße bestraft.

Wird der Verurteilte vor Ablauf eines Jahres nach dem Urteil rückfällig, so kann der Richter neben der Buße auf Wirtshausverbot erkennen; er kann einen Gewohnheitstrinker anstatt der Strafe in eine Heilanstalt für Trinker einweisen.

279. *Landstreicherei und Bettel.* Wer aus Arbeitsscheu mittellos im Land herumzieht oder sich fortgesetzt in Wäldern oder Anlagen oder auf öffentlichen Plätzen oder Straßen herumtreibt,

wer aus Arbeitsscheu oder Gewinnsucht bettelt oder Kinder oder Personen, die von ihm abhängig sind, zum Bettel ausschickt, wird mit Haft bestraft.

Ist zur Zeit der Tat noch nicht ein Jahr vergangen, seit er eine Strafe wegen Bettels oder Landstreicherei erstanden hatte, so kann ihn der Richter anstatt der Strafe in eine Arbeitserziehungsanstalt oder in eine Trinkerheilanstalt einweisen.

Dem Schuldigen wird die elterliche und vormundschaftliche Gewalt entzogen.

280. *Tierquälerei.* Wer ein Tier roh mißhandelt, arg vernachlässigt oder unnötig überanstrengt, wird mit Buße oder mit Haft bestraft.

Ist zur Zeit der Tat noch nicht ein Jahr vergangen, seit er eine Strafe wegen Tierquälerei erstanden hatte, so wird er mit Haft bestraft.

Gegen die Staatsgewalt

281. *Weigerung, den Namen anzugeben.* Wer einem Polizeibeamten auf berechtigte Aufforderung Namen oder Wohnung nicht angibt oder falsch angibt, wird mit Buße oder mit Haft bis zu acht Tagen bestraft.

282. *Ungehorsam gegen polizeiliche Anordnung.* Wer der gesetzmäßigen Anordnung oder Aufforderung einer Polizeibehörde oder eines Polizeibeamten nicht nachkommt, wird mit Buße oder mit Haft bis zu acht Tagen bestraft.

283. *Abreifsen amtlicher Bekanntmachungen.* Wer öffentlich angeschlagene amtliche Bekanntmachungen abreißt, entstellt oder beschädigt, wird mit Buße bestraft.

284. *Veröffentlichung geheimer Verhandlungen und Untersuchungen.* Wer aus den geheimen Verhandlungen einer öffentlichen Behörde oder aus einer geheimen gerichtlichen Untersuchung etwas veröffentlicht, ohne dazu berechtigt zu sein, wird mit Haft oder mit Buße bis zu tausend Franken bestraft

Gegen den Strafvollzug.

285. *Übertretung des Wirtshausverbotes.* Wer ein gerichtliches Wirtshausverbot übertritt,

wer als Wirt jemandem geistige Getränke verabreicht oder verabreichen läßt, dem, wie er weiß, der Besuch der Wirtschaften gerichtlich untersagt ist,

wird mit Haft oder mit Buße bestraft.

286. *Unerlaubte Ausübung eines Berufes, Gewerbes oder Handelsgeschäftes.* Wer einen Beruf, ein Gewerbe oder ein Handelsgeschäft ausübt, dessen Ausübung ihm gerichtlich untersagt ist,

wer einen Beruf oder ein Gewerbe ohne die staatliche Ermächtigung ausübt, die das Gesetz hierzu erfordert,

wird mit Haft oder mit Buße bestraft.

287. *Nichtzahlen von Bufsen.* Wer eine Buße, zu der er verurteilt worden ist, aus Arbeitsscheu oder Liederlichkeit nicht bezahlt, wird mit Haft bestraft. Bezahlt er innerhalb eines Jahres nach dem Vollzug der Strafe nochmals eine Buße aus Arbeitsscheu oder Liederlichkeit nicht, so kann ihn der Richter anstatt der Haft in eine Arbeitserziehungsanstalt einweisen.

Ungehorsam gegen polizeiliche Vorschriften.

288. *Beseitigung eines Leichnams.* Wer einen Leichnam ohne Anzeige an die Behörde beerdigt oder heimlich beiseiteschafft, wird mit Haft bis zu vierzehn Tagen oder mit Buße bestraft.

289. *Nichtanzeigen eines Fundes.* Wer einen Fund, dessen Wert offenbar zehn Franken übersteigt, in der Frist von vierzehn Tagen nicht bei der Polizei anzeigt oder nicht sonst in angemessener

Weise bekannt macht (ZGB., Art. 720 und 725), wird mit Buße bestraft.

290. *Angabe des Druckers und des Druckortes.* Auf Druckschriften ist der Name des Druckers und der Druckort anzugeben. Druckschriften, die nur den Bedürfnissen des Verkehrs, des Gewerbes oder des geselligen oder häuslichen Lebens dienen, sind davon ausgenommen.

Ist der Name des Druckers oder der Druckort auf einer Druckschrift nicht angegeben, so werden der Drucker und die Verbreiter der Druckschrift mit Buße bestraft.

291. *Angabe des Redaktors.* Auf Zeitungen und Zeitschriften ist der Name des Redaktors anzugeben. Leitet ein Redaktor nur einen Teil der Zeitung oder Zeitschrift, so ist er als Redaktor dieses Teils zu bezeichnen.

Ist der Name des Redaktors auf einer Zeitung oder Zeitschrift nicht angegeben, so werden der Redaktor und der Verleger mit Buße bestraft.

Druck von Leonhard Simion Nf. in Berlin SW.

Die Sammlung aufserdeutscher Strafgesetzbücher enthält bisher die folgenden Übersetzungen als Beilagen zu der **„Zeitschrift für die gesamte Strafrechtswissenschaft"** oder zu den **„Mitteilungen der Internationalen Kriminalistischen Vereinigung"**:

I. **Niederländisches** Str.G.B. v. 3. März 1881; **Französisches** Prefsgesetz v. 29. Juli 1881; **Österreichisches** Wuchergesetz v. 28. Mai 1881 (Zeitschrift Bd. 1).

II. **Dänisches** Militär-Str.G.B. v. 7. Mai 1881; **Schwedisches** Militär-Str.G.B. v. 7. Oktober 1881 nebst Einführungsgesetz u. Disziplinar-O. f. d. Kriegsmacht (Zeitschrift Bd. 2.)

III. **Italienisches** Ges. betr. die polit. Wahlen v. 22. Januar 1882 Art. 86—97 (Strafbestimmungen); **Ungarisches** Wuchergesetz v. 27. April 1883; **Niederländisches** Ges. z. Bekämpfung d. Trunksucht v. 28. Juni 1881 (Zeitschrift Bd. 3).

IV. **New Yorker** Str.G.B. v. 26. Juli 1881 (Zeitschrift Bd. 4.)

V. **Norwegische** Str.Proz.O. v. 1. Juli 1887 (Zeitschrift Bd. 9.)

VI. **Italienisches** Str.G.B. u. Ges. betr. öffentliche Sicherheit vom 30. Juni 1889 (Zeitschrift Bd. 10).

VII. **Finnländisches** Str.G.B. v. 19. Dezember 1889 u. Verordn. üb. d. Strafvollstreckung (Zeitschrift Bd. 11).

VIII. **Mexikanisches** Str.G.B. v. 7. Dezember 1871 (Zeitschrift Bd. 14).

IX. **Norwegisches** Ges. betreffend d. Behandlung verwahrl. Kinder v. 6. Juni 1896 (Zeitschrift Bd. 17).

X. Vorentwurf z. **Schweizerischen** Str.G.B. (Mitt. Bd. VI).

XI. Entwurf z. **Norwegischen** Str.G.B. (Mitt. Bd. VII).

XII. **Bulgarisches** Str.G.B. v. 2. Februar 1896 (Zeitschrift Bd. 18).

XIII. **Ungarische** Str.Proz.O. v. 4. Dezember 1896 (Zeitschr. Bd. 19).

XIV. Vorentwurf z. **Japanischen** Str.G.B. (Zeitschrift Bd. 20).

XV. **Chilenisches** Str.G.B. v. 1. März 1875 nebst Ergänzungs-Ges. (Zeitschrift Bd. 20).

XVI. **Dänisches** Str.G.B. v. 10. Februar 1866. **Dänisches** Ges. betr. Gewalt gegen schuldlose Personen vom 11. Mai 1897 (Zeitschrift Bd. 21).

XVII. **Bulgarische** Str.Proz.O. v. 3. April 1897 (Zeitschrift Bd. 22).

XVIII. **Norwegisches** Militär-Str.G.B. und Militär-Str.Proz.O. und **Norwegische** Str.Proz.O., Änderungs-Ges. v. 1902 (Mitt. Bd. XI).

XIX. **Portugiesisches** Str.G.B. v. 16. September 1886 (Zeitschr. Bd. 24).

XX. **Norwegisches** Str.G.B. v. 22. Mai 1902 und **Norwegisches** Ges. gegen Arbeitsscheu u. Trunksucht v. 1900 (Mitt. Bd. XII).

XXI. **Ottomanische** Str.Proz.O. v. 25. Juni 1879 (Mitt. Bd. XII).

XXII. **Dänisches** Gesetz v. 1. April 1905 (sogen. **Prügelgesetz**) nebst Ausführungsbestimmungen (Mitt. Bd. XIII).

XXIII. **Japanisches** Str.G.B. vom 23. April 1907. (Zeitschr. Bd. 28.)

XXIV. **Russisches** Str.G.B. vom 22. März 1903 (Zeitschr. Bd. 28).

XXV. **Österreichischer** Gesetzentwurf betr. die strafrechtl. Behandlung u. d. strafrechtl. Schutz Jugendlicher, 1907 (Mitt. Bd. XV).

XXVI. **Spanisches** Str.G.B. vom 17. Juni 1870 (Zeitschrift Bd. 29).

XXVII. Neueste **Englische** Kriminalpolitik. 1. Children Act, 1908. 2. Prevention of Crime Act, 1908. 3. Probation of Offenders Act, 1907. (Mitt. Bd. XVI.)

XXVIII. Vorentwurf zu einem **Schweizerischen** Str.G.B. (April 1908.) (Zeitschrift Bd. 30.)

FSC
www.fsc.org
MIX
Papier | Fördert
gute Waldnutzung
FSC® C083411

Kolibri 360 GmbH
Ferdinand-Jühlke-Straße 7
99095 Erfurt, Deutschland
produktsicherheit@kolibri360.de